中小学生校外生活指南丛书

U0727801

中小学生素质
自我提高指南

本书编写组◎编

ZHONGXIAOXUESHENG
XIAOWAI SHENGHUO
ZHINAN CONGSHU

ZHONGXIAOXUESHENG SUZHI
ZIWO TIGAO ZHINAN

世界图书出版公司
广州·北京·上海·西安

图书在版编目（CIP）数据

中小学生素质自我提高指南／《中小学生素质自我
提高指南》编写组编 . —广州：广东世界图书出版公司，
2010. 8 （2024.2 重印）
ISBN 978－7－5100－2487－0

Ⅰ . ①中… Ⅱ . ①中… Ⅲ . ①素质教育－中小学－教
学参考资料 Ⅳ . ①G631

中国版本图书馆 CIP 数据核字（2010）第 151604 号

书　　名　中小学生素质自我提高指南
　　　　　ZHONGXIAOXUESHENG SUZHI ZIWO TIGAO ZHINAN
编　　者　《中小学生素质自我提高指南》编写组
责任编辑　韩海霞
装帧设计　三棵树设计工作组
出版发行　世界图书出版有限公司　世界图书出版广东有限公司
地　　址　广州市海珠区新港西路大江冲 25 号
邮　　编　510300
电　　话　020-84452179
网　　址　http://www.gdst.com.cn
邮　　箱　wpc_gdst@163.com
经　　销　新华书店
印　　刷　唐山富达印务有限公司
开　　本　787mm×1092mm　1/16
印　　张　10
字　　数　120 千字
版　　次　2010 年 8 月第 1 版　2024 年 2 月第 11 次印刷
国际书号　ISBN　978-7-5100-2487-0
定　　价　48.00 元

前 言

"素质"一词本是生理学概念，指人的先天生理解剖特点，主要指神经系统、脑的特性及感觉器官和运动器官的特点。素质是心理活动发展的前提，离开这个物质基础谈不上心理发展。各门学科对素质的解释不同，但有一点是共同的，即素质是以人的生理和心理实际作基础，以其自然属性为基本前提的。也就是说，个体生理的、心理的成熟水平的不同决定着个体素质的差异，因此，对人的素质的理解要以人的身心组织结构及其质量水平为前提。人的素质包括重量素质、心理素质和文化素质。素质只是人的心理发展的生理条件，不能决定人的心理内容与发展水平，人的心理活动是在遗传素质与环境教育相结合中发展起来的。而人的素质一旦形成就具有内在的相对稳定的特征，所以，人的素质是以人的先天禀赋为基质，在后天环境和教育影响下形成并发展起来的内在的、相对稳定的身心组织结构及其质量水平。

从中小学生素质教育目的上看，中小学生素质教育追求的学生素质是德、智、体、美、劳的全面发展；从教育内容上看，中小学生素质教育重视的是德育、智育、体育、美育、劳动技术教育的"全面开花"，把几项教育有机结合起来。从中我们很明显地看出，国家和社会对中小学生的素质要求是"德、智、体、美、劳"的全面发展。素质教育的实施体现了以人为本的教育理念，顺应了现代教育的潮流和规律。

我国教育正处在应试教育向素质教育过渡的关键阶段，成果是显著的，但问题也同时存在、不容忽视。从全国来看，中小学生素质还有待提高。

为配合国家全面推行素质教育，本丛书编委会精心编辑了此套书系，此为其中一本。

本书共分 7 个部分，分别从生活技能、学习技能、劳动技能、学校礼仪、家庭礼仪、社交礼仪、艺术修养等方面指导中小学生素质自我提高，可以说是从大处着眼、小处入手。阅读此书相信定会对中小学生的言行有所提升、有所裨益。

书中的不足之处在所难免，希望读者朋友给予批评指正。

目　录

Contents

生活技能提高

生活自理技能 …………… 1

学习方面的生活技能 ………… 12

体育锻炼方面的生活技能 …… 15

饮食、营养方面的生活技能 …… 18

身体发育和有关卫生方面的

技能 …………………… 22

常见传染病及其预防 ……… 26

意外伤害处理技能 ………… 34

学习技能提高

学习与学习技能 ………… 46

思维的技能 ……………… 48

想象的技能 ……………… 54

观察的技能 ……………… 61

记忆的技能 ……………… 65

自学的技能 ……………… 74

操作的技能 ……………… 81

笔记的技能 ……………… 85

劳动技能提高

劳动与劳动技能 ………… 89

自我服务与家务劳动技能

培养 …………………… 91

社会劳动技能培养 ………… 103

学校礼仪提高

异性同学之间的交往 ……… 108

与老师的交往 …………… 112

校园生活与礼仪修养 ……… 116

进校礼仪 ………………… 119

上课礼仪 ………………… 120

升降国旗的基本仪式 ……… 123

集会的礼仪 ……………… 124

共青团礼仪 ……………… 125

食堂里的礼仪 …………… 127

家庭礼仪提高

家庭礼仪概述 …………… 128

家庭礼仪的特点和内容 …… 130

附录1:《中小学生守则》 …… 147

附录2:《中小学生日常行为

规范》 ………………… 149

❖ 生活技能提高 ❖

✎ 生活自理技能

合理作息

这里所讲的合理的作息主要是指学生进行各项活动所安排的时间，要根据需要和可能而长短适度，选时适宜。例如，小学生每天所需要的睡眠时间一般应为 9～10 小时，在冬春季节，应在晚上 8：00～8：30 时睡眠；夏秋季节，应在晚上 9：00～9：30 时睡眠。各项活动在何时进行，确定下来以后，一般不要轻易改变，而使其日复一日地按确定时间进行。这样就会形成条件反射，条件反射一旦形成，就会按规定时间进行各项活动，而且活动时也不费劲。就以睡眠来说，只要养成了按时睡觉和起床的习惯，那么不管是在炎热的夏天，还是在旅游途中，都会做到定时入睡、按时起床。这就可以防止因环境变化、作息时间改变而导致睡眠时间不足的现象发生。

不规律的生活，会影响学生的健康和休息。例如，有的学生看电视看得很晚，而不能按时睡觉，第二天也不能按时起床。如果匆忙起床后吃不好早饭，到校后，因情绪紧张而在上第一节课时不能集中精力听课；待到平静下来时，饥饿又出现了。总之，他们在整个上午，都在紧张状态中度过。由于他们对自己的一天生活失去了有效支配的主动权，因此变得被动、

懒散、缺乏朝气。这样，就会影响饮食、学习、锻炼、休息以致影响身心健康。由此可见，生活作息有规律是关系着身心健康成长的大事，要安排好一日的作息时间，并且养成生活作息有规律的良好习惯。

从生理意义上讲，睡眠的主要作用在于恢复人的精神和体力。睡眠对学生的意义更大。我们知道，人的思维、记忆等，都是通过大脑皮层来完成的。大脑皮层约有 140 亿个神经细胞，人在 2 岁以后，神经细胞的数量就不再增加了，但是脑的发育却在继续进行，一直到 14 岁或更晚些，脑的形态发育才完成。据科学研究发现，神经细胞的发育完善过程，主要在睡眠中进行。因此，睡眠充足有利于神经细胞的发育，对促进儿童思维能力的发展，提高少年儿童智力是很重要的。此外，少年儿童身高的增长（长个儿），受脑垂体中的腺垂体释放的生长激素所控制，这种生长激素在睡眠时分泌的量比觉醒时分泌的多得多。因此，睡眠充足还能促进少年儿童身高的增长。

充足的睡眠包括一定的睡眠时间和足够的睡眠深度。学生阶段正处身体发育阶段，需要的睡眠时间相对较长，小学生每天睡眠 9 ~ 10 小时，才能保证生理发育的需要。而要保证睡眠 9 ~ 10 小时，就应养成按时睡觉、早睡早起的习惯。此外，夏季昼长夜短，为补夜间睡眠时间的不足，学生应养成中午午睡（约睡 1 ~ 2 小时）的习惯。

足够的睡眠深度，可以使大脑休息得充分，机体的疲劳得以消除。为保证睡眠有足够的深度，应做到以下几点：

1. 睡前要刷牙、洗脸、洗脚

睡前刷牙、洗脸、洗脚，一是可以保持口腔、皮肤和被褥的清洁；二是可以促进身体的血液循环，使人感到舒适，睡得更为香甜，从而有助于消除疲劳。

2. 保持良好的睡眠环境

良好的睡眠环境可以保证睡眠的深度。良好的睡眠环境主要是指环境安静和室内空气新鲜。因此，睡眠时卧室要开窗（冬季最好能开一个小窗），使卧室通风换气，保持室内空气清新。如果卧室空气不新鲜，或蒙头睡觉，不断吸进自己呼出的二氧化碳，就会因得不到充足的氧气而影响睡

眠深度，醒后会出现头晕、头沉的感觉。

3. 注意睡眠姿势

人经过一天的活动，肌肉是很紧张、劳累的。良好的睡眠姿势，有助于疲劳的消除。一般说来，睡眠姿势可采取侧卧和仰卧位，而不要取俯卧位（即趴着）。俯卧时全身肌肉不能完全放松，胸、腹腔受压，增加呼吸、循环系统的负担，使人得不到充分的休息。当然，在睡眠过程中，可以变换睡眠姿势，侧卧和仰卧可以交替进行，以利于消除局部肌肉的紧张。

4. 要常晒被褥

阳光中的紫外线能杀灭被褥上的病菌。常晒被褥，既能杀灭病菌，又能消除水分、汗液。冬季晒被褥，还能使被褥盖起来更暖和，有助于人更快地入睡。

吃饭要细嚼慢咽

食物的消比，包括物理性消化和化学性消化两部分。物理性消化即通过牙齿的咀嚼和舌的搅拌，以及胃肠的蠕动，将食物磨碎并且与消化液混合。

化学性消化即通过唾液中的消化酶的作用，使食物中的大分子营养物质分解成为能被身体吸收的小分子营养物质。例如，我们细嚼馒头或米粒时觉得有甜味，就是由于淀粉酶将淀粉分解成麦芽糖的缘故。食物在口腔中同时进行着物理性消化和化学性消化，为食物进入胃肠的进一步消化做好了准备。细嚼慢咽有利于提高消化系统的物理性消化和化学性消化的效率。细嚼慢咽具有 3 种作用：

（1）使食物颗粒变得细小。

（2）分泌的唾液增多，并使唾液与食物充分混合，充分发挥唾液中的溶菌酶的杀菌防病作用。

（3）使面部肌肉得到运动和锻炼。科学实验证明：吃同样食物的人，细嚼者和不细嚼者对蛋白质和脂肪的吸收是不一样的。细嚼者对蛋白质和脂肪的吸收分别为 85% 和 83%，而不细嚼者对蛋白质和脂肪的吸收只有72% 和 71%。充分细嚼植物性食物尤其重要，因为植物细胞有较厚的细胞

壁，只有通过充分咀嚼，破坏了细胞壁，营养物质才容易被人体消化、吸收，例如胡萝卜里所含的胡萝卜素，细嚼时吸收率能有 5% ~ 9%，否则吸收率则只有 1% ~ 2%。

此外，细嚼慢咽，在进食仪态上也表现出一个人的文明教养，狼吞虎咽则会给人以粗野不文明、不礼貌的感觉。

不要偏食和挑食

偏食是指只喜欢吃某几种食物的不良习惯，例如只喜欢吃鱼、肉，而不喜欢吃蔬菜。挑食反映在就餐时只吃些自己喜爱的食物而排斥其他食物。偏食、挑食已成为当今不少学生的通病，也是造成儿童某些营养素不足的原因之一。例如有的人不喜欢吃蔬菜、水果或不喜欢吃肉类，从而导致缺铁性贫血。因为在他们的膳食中，尽管并不缺少铁，但是，由于铁需要与维生素 C 和肉类中分解的胱氨酸结合成为可溶性物质后才易吸收。因此，不吃蔬菜和水果，维生素 C 摄入不足，自然也就影响了铁的吸收。

学生偏食、挑食习惯的形成，主要与家长和周围的人的饮食习惯有关，也与人们日常对食物贵贱评论给他们在心理上留下的好恶印象有关。当人们以自己的喜好片面地评论或选择食物，而忽视了食物中的营养素对儿童少年健康的影响时，往往在不知不觉中使儿童少年养成了偏食、挑食的习惯。所以，预防偏食、挑食，首先应从家长做起，即家长自己首先不应该偏食和挑食，身教和言教并重，并且身教重于言教。为了发挥身教的作用，哪怕是家长平时不喜欢吃的食物，也要带头吃，培养孩子吃。当少年儿童已经形成偏食、挑食的习惯时，要听从家长和教师的教导，改掉这不良的习惯。

养成良好的排便习惯

学生由于上课学习和玩耍游戏在时间上的矛盾，排便所需要的时间，常常在这种矛盾中被占去，往往不能定时排便。

正常的粪便是条状成型的，排起来通畅。没有定时排便的习惯，经常疏忽便意，无意地抑制了排便，就会造成排便反射的敏感性降低，冲动减

弱，使粪便在大肠中停留过久，其中的水分被吸收而变干变硬，致使排便困难，这种症状就是便秘。干硬的粪便容易损伤肛门，而形成肛裂，引起疼痛、出血。

便秘的初期可用轻泻药，同时要改变饮食习惯，多喝水，多吃粗粮、蔬菜、水果，养成定时排便的习惯，即使没有便意，也要定时蹲坑。

良好的排便习惯，除了按时排便外，蹲坑时间不宜太长，也不要边大便边看书聊天。大便后擦肛门要用卫生纸，不要用废纸或脏纸；擦时要由前向后擦，向前擦容易引起泌尿系统感染。这对女孩子来说，更应特别注意。

养成随身带手绢的习惯

随身带手绢，既是讲究个人卫生所必需，也是一种文明礼貌的表现。因此，应从小培养随身带手绢的习惯。但是有些学生往往忽视了这个问题。

手绢是人人不可缺少的卫生用具。随身带的手绢，天热时可以用来擦汗，天冷时可以用来擦鼻涕；风沙迷眼时可以用来擦眼泪，咳嗽打喷嚏时可以用来捂住口鼻；便后洗手时可以用来擦手等。据调查，学生沙眼的发生，多数与用手揉眼睛的习惯有关。如果随身带着手绢，就可以用手绢擦眼，而避免直接用手揉眼睛，这样在一定程度上可以减少沙眼等眼病的发生。由此可见，随身带手绢，不仅能培养个人的卫生习惯，更重要的是可以减少某些传染病的发生。

使用的手绢，要注意经常保持清洁。具体地说，手绢要每天换洗一次，即使在冬天也至少要隔一天换洗一次；手绢应放在干净的、固定的衣袋里，在这个固定的衣袋里不要再放钞票、钥匙等物件，以免污染手绢；手绢要叠成方块，不要揉成一团。使用手绢时，用里面干净的擦眼睛或嘴唇，用外面擦鼻涕，以免脏、净不分，反而使卫生用具起不了卫生的作用。

讲究喝水卫生

水是维持生命不可缺少的物质。年龄越小，新陈代谢越旺盛，需要水量也越多。夏季由于出汗多，喝水量应该更多些，喝水的时间间隔短些，

最好每节课后喝点开水。

喝水很重要，但要讲究饮水卫生。上学要带口杯，养成喝开水的习惯。喝开水可以减少肠道传染病发生的机会。这是因为生水经煮沸后，病菌可以被杀死，而清除了致病因素，这有利于身体健康和发育。水杯要用干净的碗套装好，装时要碗口朝下；水杯要每日清洗一次，不要相互借用。这样，可以减少传染病的发生。

洗脸的方法

洗脸是个人卫生中必不可少的事。洗脸不仅能使人保持仪容美，更重要的是能保证皮肤的清洁卫生，预防皮肤病。但是有的人却把仪容美放在首位，只注意早晨起床后的洗脸，而忽视睡前洗脸。其实睡前洗脸不仅能除去汗渍、污垢、清洁皮肤，预防痤疮等皮肤病；同时，还能使人睡眠舒适，有利于保持被褥、枕头的清洁。特别是小学生，他们的代谢旺盛，活动量大，出汗多，活动范围广，接触尘埃机会多，更要重视睡前洗脸，培养睡前洗脸的习惯。

洗脸有一定的学问。在洗脸过程中应该注意些什么，却常常被人们忽视。

下面谈谈洗脸的方法：

要注意洗脸的顺序

洗脸的顺序，应先洗较干净的部位，再洗较脏的部位。眼睛，由于有睫毛和眉毛的遮挡，眼睑的皮脂也较少，比较干净。嘴唇因周围的汗腺、皮脂腺的分泌物较多，以及进食的原因，是比较脏的。鼻腔由于不停地呼吸，吸入了大量的尘埃和细菌，更是较脏的部位。因此，洗脸的顺序应该是：先洗眼部，再洗口，最后擦洗鼻子，并且把鼻孔内的脏物掏干净。如果不注意洗脸顺序，常常会把鼻孔里或嘴唇上的脏物或病菌随毛巾带到眼睛里，引起眼疾。耳朵和脖子，在洗脸时也要洗擦干净。

洗脸应做到"分巾、分水和分盆"

分巾就是洗脸毛巾一定要专人专用。据调查，在一些毛巾合用的家庭

中，妈妈患有沙眼的，其子女患沙眼的多达 82.5%，而妈妈未患沙眼的、其子女患沙眼的只有 37.7%。这说明：合用毛巾洗脸，是传染沙眼的重要途经。毛巾用后最好挂在有阳光照射的地方或通风处，这样，阳光中的紫外线可以杀死病菌，使毛巾保持干净。分水、分盆就是与他人洗脸的水和盆也要分开。

因条件限制不能一人一盆时，则应在洗脸前把盆清洗干净后再使用，最好用流动水洗脸。此外，洗脸用的肥皂最好是中性的，中性肥皂适合皮肤的酸碱度，可以减少肥皂对皮肤的刺激。

讲究刷牙方法

有人曾做过这样的实验：把早晨起床后口腔里的细菌数定为 100，经过刷牙后，则口腔内的细菌数减少了 60%。如果只漱口，也能减少 15%。这说明刷牙、漱口是保持口腔清洁的好办法，所以要提倡刷牙、漱口。我们都有这样的体会，早晨起床后，总觉得口腔里发黏、有味，不刷牙难以吃东西，因此人们大多数习惯于早晨刷牙。为什么早晨起来时口腔内发黏、有味呢？这是因为人们在睡觉前不刷牙、漱口，留在牙缝和牙齿上的食物残渣在细菌的作用下发酵产酸所致。如果晚上睡前刷牙，能将口腔内食物残渣及时清除干净，较长时间地保持口腔清洁，第二天起床后，就会减少发黏、有味的感觉。由此可见，晚上刷牙比早晨刷牙更重要。我们不仅要培养早晨刷牙的习惯，而且还要培养睡前刷牙的习惯。

少年儿童刷牙最好使用保健牙刷。这种牙刷毛束少，毛的软硬适中，刷头小，在口腔内可以灵活转。如果没有保健牙刷，就要选用适合少年儿童用的牙刷。这种牙刷的条件应该是：合乎少年儿童牙齿的大小（指牙的宽度），毛束少而不密，易干燥，毛尖挺直整齐，以利于充分接触牙齿表面。新的尼龙丝牙刷毛较硬，用前要用开水浸泡，以降低毛的硬度。牙刷用后要冲洗干净，把有毛的一端朝上放在杯内，置于通风的地方使其干燥，以免细菌繁殖。牙刷用久后，毛变软或脱落时，应及时换用新牙刷。

刷牙要注意方法。刷牙时，对上面的牙齿要从上往下刷，对下面的牙齿要从下往上刷，对咀嚼面要平行来回刷。这样，能刷净食物残渣，也不

易损伤牙龈。刷牙切不可横刷，横刷会损伤牙龈和牙颈，天长日久就会形成牙颈部楔状缺损，引起牙齿疼痛。此外，刷牙、漱口的杯子要专用，不互借，以免传染疾病。

要常剪指甲、常洗头、常理发

指（趾）甲长在手指和脚趾的末端，具有保护作用。但是它的长短要留得合适，太短起不了保护甲床的作用，长了又不卫生，也不方便。据检查，人手上的病菌、寄生虫卵约有 90% 藏在指甲缝里。经化验，1 克指甲泥垢中竟有 30 多亿个病菌。因此，指甲长了一定要剪短，并且在剪完指甲后，一定要用肥皂把残留在指头上的泥垢洗掉，使病菌无藏身之地。

不要用牙去咬指甲，因为这样做指甲中的病菌就会进到口腔里，容易引起疾病。

经常洗头发也很重要，因为人的头发是最容易藏污垢的地方。头发的毛根周围有汗腺和皮脂腺，它们不停地分泌着汗液和皮脂。这些分泌物和头皮上脱落的上皮细胞，以及落在头上的尘土混在一起成为泥垢。泥垢积存多了，会堵塞毛囊口，影响皮脂的排出，同时还刺激头皮使人产生瘙痒感。此外，头发不干净给虱子提供了生存和繁殖的场所。虱子叮咬头皮，不仅影响休息，还可引起斑疹伤寒等疾病。因此，一定要常洗头发，保持头发干净。但是洗头不仅能把汗液、污垢等洗掉，同时也会把油脂洗去，而油脂对头皮、头发有保护作用，缺乏油脂，头皮也会瘙痒。所以，不要每天洗头，每周洗头一次即可。洗头时可用偏酸性的肥皂或洗发用品，少用或不用碱性的洗发用品，否则，容易产生头屑和断发，使头发失去光泽。

要勤洗澡、勤换衣

皮肤是人体的一道天然屏障，它可以保护人体不受外来不利因素的侵袭，还有调节体温、感受刺激、排泄废物（主要通过汗液）等一系列重要的作用。

人体内的代谢产物有 400 多种，其中随汗液排出的就有 150 种。人体

的汗液我们不一定都能看见，只有在天热或运动时，我们才能感觉到出汗。实际上人体每时每刻都在出汗，只是有时因为量少，我们感觉不到而已。因此在人体不断排汗的情况下，为使皮肤发挥正常功能，要保持皮肤清洁，使皮肤处于一个清洁环境中，以利于皮肤行使自己的功能。此外，冬春季节在人多、室内通风不好的场所，常有一种怪气味，其中的一部分是皮肤分泌物散发的臭味，这些怪气味对人体健康是不利的。为了保持皮肤的清洁卫生，对皮肤排出的废物要主动去清除，做到夏天每天或隔天洗一次澡，冬春季节也要每周洗一次澡。在洗澡后要换内衣裤；男、女学生最好每天洗一次外阴，隔天换一次内裤，女学生尤应如此，以免因分泌物刺激而引起外阴瘙痒。

人的双脚容易出汗，由于鞋袜覆盖，汗液不易蒸发，因此，除每晚睡前应洗脚外，还要每天或隔天换洗一次袜子，每周刷洗一次鞋（特别是球鞋）。只有这样，才能使足部皮肤经常处于干净环境中，以便发挥它的屏障功能。

饭前便后要洗手

手是人们生活中的"密友"，人们的穿衣、吃饭、学习、劳动等活动，无一不需要手的帮助。但是如果不注意手的卫生，手被污染了，将会危害人的健康。例如，痢疾、肝炎等肠道传染病，大多是由于双手不干净，污染了食物而发生的；疖肿化脓，有的也是由双手不洁抓破皮肤而感染的；沙眼的传染则与直接用手揉眼有关。有人对 378 人的手进行过化验，竟发现有 146 人（约占 39%）的手上有大肠杆菌。大肠杆菌是存在于人体肠道中的细菌，其中有很多是有致病能力的。因此，便后不洗手，是手上沾染大肠杆菌的主要原因。手沾染细菌的另一个原因是，手接触的物件（如钱币、玩具、旧书等）上都有很多细菌。这些细菌中有的有致病能力，在人体抵抗力降低时，就会使人得病。为了避免病菌进入人体，不仅要养成便后洗手的习惯，还要养成饭前和游戏后洗手的习惯。洗手要注意把手浸湿，用肥皂抹遍手掌、手指、手背，然后搓几下，再清洗。洗手的水和毛巾不能与他人共用，最好用流动水冲洗。

穿衣服的学问

衣服对人体的作用主要是保护身体、防暑、保暖，其次是保持文明与仪容。因此，在穿衣服时首先要注意实用，其次才是讲美观。

实用的前提是合乎卫生，有利于健康。因此，对衣服的要求应该是：

衣服大小要合身

衣服太宽大，不利于行走活动；太瘦小不仅会影响活动，还会防碍身体的生长发育。如目前穿着的紧身衣、牛仔裤，就不利于正值生长发育的少年儿童。因此，衣服大小要合身。

衣料要有选择

选择的衣料，要有较强的吸湿性，有利于皮肤水分的排出，棉、麻、丝类的衣料具有这种性能。选择衣料，还要注意它的通气性和保温性，通气好的棉、麻、绢类或粗布纹的衣料，有助于衣服内、外的空气进行对流，夏季使人产生凉爽感。保温性好的毛织衣料，冬季穿着可以使人觉得暖和。

衣服要清洁

很多疾病，如结核病、皮肤病、沙眼、斑疹伤寒等的传染，在一定程度上衣服起着媒介作用。因此，我们应经常换洗衣服，以便除去衣服上吸附的尘土、细菌和由皮肤排出的各种代谢废物。衣服洗后要晾晒，因为阳光中的紫外线能破坏细菌的蛋白质，具有杀灭细菌的作用；阳光中的红外线则具有加热、干燥作用。所以，只要条件许可，我们应充分利用日光给衣服消毒。衣服洗净晒干后要收藏在干燥、通风的地方，防止霉菌生长。

化学合成纤维织物不宜制作内衣裤，对儿童青少年尤其如此。化纤织物吸湿性、通气性都较差，它不利于皮肤分泌物的散发，容易引起皮肤病，而且会由于过敏而引起皮炎，这点对过敏体质的少年儿童更应注意。女孩从八九岁开始，阴道就会排出分泌物，而且随着青春期的到来，分泌物逐渐增多。如果穿着不透气的涤纶丝裤袄等化纤织物制品，容易引起外阴湿

疹和外阴瘙痒等疾病。

穿鞋的学问

穿鞋是为了保护两足在行走、跑跳时不受损伤，行走时方便有力。如果鞋子不合适，反而会使足遭受损伤。因此，穿鞋也有一定的学问。

人能站立，行走稳固，跑跳自如有弹性，主要与双足的特殊结构——足弓有关。足弓形似拱形桥，由12块骨头靠肌肉、韧带的力量牵拉在一起而形成。人在行走、跑跳时，足弓能起到缓冲震荡和分散重力的作用。中小学阶段，足骨尚在发育之中，肌肉、韧带的力量不强。这个时期穿鞋不仅要有保护双足的作用，还要有利于足的发育生长。

少年儿童穿的鞋，应符合以下几点要求：

鞋的大小软硬要合适

鞋太小了，会影响足部的血液循环，从而影响足的生长发育，甚至造成足趾畸形；鞋太大了，则行走不便，跑跳不自如，在一定程度上还会影响步态。因此，鞋的大小应合适。

太硬的鞋不利于足部肌肉、韧带的锻炼，特别是高统硬底鞋还会影响足弓的发育；太软的鞋，不便于行走。因此，鞋的软硬要适中。

鞋跟不能太高

鞋跟的高低对足和骨盆的发育都有影响。当人赤足站立或穿平底鞋站立时，骨盆能把全身重量均匀地传给双足，足弓能很好地承受重力而不发生任何不适感。鞋跟过高时，重心前移，脚掌承受的重量增大，会使足弓变形；同时，骨盆在传递人体重量时，重心前移，为保持人体的稳定，也相应地发生姿势改变而导致骨盆变形。由于学生足骨的发育还未完成，组成骨盆的各骨之间的结合，要到25岁左右才比较牢固。因此，学生穿的鞋，鞋跟更不宜过高。

穿鞋要注意不同季节和不同用途的要求。例如，体育锻炼时要备有跑鞋、球鞋；出门旅行时，要备有轻便旅游鞋；冬天要备棉鞋。鞋跟以低于3

厘米为宜，不要超过 5 厘米。

学习方面的生活技能

用眼卫生

在开始近距离用眼到用眼时间的逐渐延长的阶段，要注意用眼卫生，防止视力减退。用眼时必须做到以下几点：

1. 要掌握眼物的距离

读书、写字时，眼与书本的距离应为 30～35 厘米，距离过近，增加眼的调节负担，易发生近视眼。造成眼物距离过近的常见原因主要是读写时光线过暗；桌椅高低不合适；拿笔时指尖与笔尖离得很近。

光线应从左前方来。因为光线从右方来，写字时会有阴影，影响视线，而光线从左前方来就会避免这种现象发生。

每次用眼时间不要太长。一般是看书 1 小时左右就要休息几分钟，要适当做眼保健操或远眺，让眼睛得到休息调养。

据研究，眼睛在看 5 米处的物体时，眼球处于正常状态。随着眼物距离的缩短，眼球的调节负担不断增加。阅读、书写都是近距离的活动，需要眼睛不断进行调节活动。因此，长时间、近距离地看书、写字，会引起视力减退。培养正确的阅读、书写姿势，是保护视力、预防近视的重要措施。

2. 听课时的正确体位

坐在课椅上听课时，前胸和课桌后沿应保持一拳以上的距离，以免胸腔受压，影响呼吸和血液循环；大腿平放椅面，大腿与小腿垂直，小腿与地面垂直线稍向前伸一些，脚掌平放地面；上身坐正后，头稍向前倾，不歪头，两肩要平，不耸肩。

3. 正确的阅读姿势

阅读时，书本不要竖立或平放，应将书本的上端稍垫高，最好用双手

将书扶起，约与桌面成 40～45 度角，使书本与视线成直角，这样可以使字的上、下缘与眼的距离一致，使得字体比较清晰。躺着看书时，不能保持眼与书本的适当距离，容易形成一眼近，一眼远；坐车、走路时看书，会因身体摇晃而使眼物距离不定，加重眼的调节负担。这些都容易造成眼睛近视，因此，不要躺着看书和在摇晃的环境中看书。

4. 正确的书写姿势

写字是一种精细的脑力与体力活动，除大脑皮层、视觉器官和维持身体姿势的肌肉参加外，主要是由人的上肢的紧张活动来完成的。因此，写字时除要求具有正确坐姿和正确的握笔方法外，还应双臂等长，双手放桌面上，眼与作业本保持 33.3 厘米（1 尺）距离。这样写起字来，手指灵活，呼吸通畅，全身肌肉能协调地活动，不易疲劳。

5. 正确的握笔方法和用笔、用纸卫生

学生时代的发育是不平衡的，比较大的肌肉先发育，细小肌肉的发育要晚些。因此，5～6 岁的儿童，跑、跳都很自然、协调，但是手部肌肉才开始发育，做精细动作的能力较差。握笔写字，对低年级小学生来说是比较费劲的，而且儿童学习写字的过程，正是手部肌肉发育的过程，因此要掌握正确的握笔方法。

正确的握笔方法是保持 60 度的倾斜，掌心虚圆，指关节略弯曲，这样写起字来手指灵活，不容易疲劳。

另外，握笔方法与写字姿势正确与否，与笔杆长短也有一定的关系。用笔杆太短的笔写字时，为了能看得清楚，只好低歪着头，歪着身子写字。这种写字姿势，对视力和骨骼的发育都不利。因此，要使用长度适宜的笔。此外，还要注意纠正把笔放在嘴里的习惯。

学习用纸，无论是统一使用的作业本，还是日常的练习本和日记本，都要选择格大、质量较好的纸，尽量不用成人用的练习本。因为成人用练习本横格太密，字体过小而不清楚，看起来费劲。

背书包的学问

学生从上学起，就要天天背书包。书包有两种样式，一种是单肩式的，

另一种是双肩式的。单肩背书包的时间长了，就会因双肩受力不均而造成单肩抬高、耸肩、驼背、弯腰、头前偏等体态不良状况。据调查，单肩背书包的学生，其斜肩和体态不良的发生率分别为 28.53% 和 25.61%；而双肩背书包的学生，斜肩和体态不良的发生率，则分别为 8.38% 和 12.41%。这种不良姿势会造成骨骼畸形，从而影响心肺功能和身体发育。

学生一般都是一日 2 次，甚至 4 次的往返于学校、家庭之间，书包如果大而重，对身体是不利的。据调查，斜肩严重程度与书包的重量是成正比的。因此，要用双肩背书包，同时注意不要把与当天学习无关的东西都放在书包里，以免加重负担。

重视课间休息的利用

课间休息是消除上课所引起的疲劳，以保持学习效率的重要措施。

课间休息应到室外去，这样做有以下几点好处：

（1）能呼吸到新鲜空气和受到阳光的照射，这有助于改善脑部的血液循环，有利于提高下一节课的学习效率。

（2）在室外活动，能进行远眺，可以使眼睛得到休息，从而起到了保护视力、预防近视的作用。

（3）利用课间休息时间进行适当活动，可以活跃思维、提高大脑兴奋度，有助于提高学习效率。

考试期间的生活安排

考试是学校考核学生的学业成绩，检查学生学习情况和教学效果的重要方法之一。一般说来，在考试期间，无论是平时学习成绩好的学生，还是学习成绩差的学生，精神都比较紧张。有一些学生甚至还因考试而出现吃不好、睡不香的情况。因此，就学生本身来说要学会安排考试期间的生活。

要保证有规律的作息

生活作息紊乱是产生疲劳的关键之一，为保证考试时精力充沛，首先

要保证有规律的生活作息。平时学习安排好，考前生活作息有规律，临考时就能精力充沛、冷静解题，结果能考出自己的水平。不要平时不努力，考试前开夜车突击复习，大脑皮层得不到应有的休息，结果事倍功半，不能考出应有的水平或成绩低下。

要保证体育锻炼和其他活动的时间

脑力劳动和体力劳动的交替进行，也就是人们常说的劳逸结合，是防止疲劳紧张的极为有效的措施，是提高脑力劳动效率的非常有效的办法。有些学生在考试期间不上体育课，也停止了往日正常的锻炼和户外活动，一味地看书学习，使人体不能得到积极的休息，其结果是学习效率下降，影响考试效果。所以，在考试期间，一定要照常参加体育锻炼及其他的户外活动。

要保证科学合理的饮食

学生在考试期间，一方面精神紧张，脑力消耗大，需要的营养多；而另一方面恰恰由于精神紧张，导致食欲下降，出现排食、偏食抑或疏于进食的情况。这时，要善于对自己的饮食进行调控，充分认识到足够的营养对考试的成功的重大影响，进食牛奶、鸡蛋、酱肉、蔬菜和水果等含蛋白质、维生素较多的食物，同时也要注意饮食的多样化。只有这样，才能保证考试期间生理活动的需要。

体育锻炼方面的生活技能

在体育锻炼前，要根据自己的健康状况和已有的锻炼基础，按照循序渐进的原则，制定一个切实可行的锻炼计划，然后，严格按照计划有步骤地进行锻炼。

循序渐进的原则是：运动量要由小到大，运动项目要由少到多，动作内容要由简到繁，动作跨度要从小到大，练习时间要从短到长。

遵守循序渐进的原则，不急于求成，一步一个脚印地练习，是改善身体素质、提高运动水平的关键。锻炼之初，各种器官的功能还没有充分发挥出潜力。所以，这时不要做生疏的复杂动作，或承担很大的体力负荷。否则，很容易引起身体的过度疲劳；或者使大脑皮层和各种器官处于过分紧张的状态，因而发生运动性损伤。例如，对每个由一连串动作组成的运动项目，在锻炼时应该先把其中的各种动作分解排队，然后先学分解动作，后学连贯动作，先学简单动作，后学复杂动作，就这样从小到大，从易到难地逐步训练。否则，很容易因为动作不规范，活动范围突然加大，活动强度突然增加，导致出现脱臼、关节损伤、摔伤等运动创伤的症状。

在中断体育锻炼后，再重新开始锻炼时，也应根据身体的客观状况和循序渐进的原则，先从较小的运动量、较短的运动时间开始，然后逐渐增加，以免身体负担过重。

准备活动

准备活动，是体育锻炼（包括比赛）前进行的各种练习，目的是为正式活动做准备，可以起到以下作用：

动员运动器官

准备活动可以使新陈代谢旺盛，手、脚等运动器官产热增加，温度上升。而局部肌肉温度的升高，又可以进一步促进肌肉的代谢（温度每上升1度，代谢率可增加13%），神经—肌肉联系增强。这样，当正式锻炼一开始，运动器官就能发挥较高的工作效率。

动员内脏器官

运动需要内脏器官配合，但是内脏器官惰性较大，往往需要3~4分钟才能全部动员起来，以适应四肢活动的需要。有了充分的准备活动，就可以消除内脏和肌肉运动的不协调，使身体活动自如。

预防运动创伤

通过准备活动，可以增强肌肉和关节的弹性和伸展性，使肌腱和韧带

舒展，以及关节囊滑膜层分泌黏液。这样，运动起来就能大大减少手指和脚踝的挫伤、肌肉的擦伤和腰部扭伤等许多意外伤害事故。

准备活动时加强易伤部位的训练，对于预防运动损伤也有重要意义。例如，为预防腰部损伤，应着重加强腰肌和腹肌的训练；为预防膝关节损伤，应加强大腿肌肉的训练，等等。

准备活动既要充分，又应有针对性。在一般性准备活动（散步、扭腰、屈伸）后，就应进行针对专项运动的准备活动。例如，踢足球前练习运球、传球、顶球和射门；自由体操前练习做操、屈伸和转体；赛跑前则应先做几分钟的肌肉静力性或运动性练习，再练起跑和冲刺。这些准备活动是进行专项运动的前奏。因此，在性质和强度上要尽量和专项运动的训练或竞赛内容相同。

一般来说，准备活动的时间和活动量，应根据正式运动的时间来定，以 10~20 分钟为宜；或以身体觉得发热，微微出汗即可。准备活动不足，身体潜力不能充分发挥；准备活动过久，会导致疲劳。此外，清晨起床时气温较低，肌体兴奋性也较低，肌肉常处于僵硬状态。因此，此时进行准备活动就要充分一些。如果身体还有伤痛，准备活动就更要谨慎小心。从准备活动到正式活动的间隔时间，最好是 1~4 分钟。

整理活动

整理活动，是在体育锻炼和比赛以后，所做的放松练习和运动后按摩，目的是消除疲劳和恢复功能。整理活动的生理意义大致有以下几点：

使紧张的肌肉放松

在运动中肌肉保持着高度紧张状态。如果激烈运动后立即静坐、静卧不动，肌肉里瘀积的血液就不能及时流回心脏，肌肉僵硬，疲劳不易消除。相反，运动后做一些放松动作，慢慢缓和下来，或通过放松活动使肌肉被动伸长，肌肉就能充分放松。

紧张的运动急需大量氧气，而肌体一时供应不上，这就欠下了"氧债"，体内出现二氧化碳的堆集。如果在整理活动中做一些缓慢深长的呼吸

动作，可及时吸入氧气，排出二氧化碳，以满足肌体对氧气的需要。

促进血液循环

运动后立即停止肌肉活动，下肢静脉就无法利用肌肉的收缩力把血液很快地送回心脏；而这时心脏的活动水平还很高，继续把大量血液往下输送。这样，一方面两腿瘀血，另一方面脑部和其他重要脏器却严重缺血、缺氧，回流血里氧减少，血压下降。轻者会引起嗜睡、头晕、疲乏和不适，重者会引起"重力性休克"。所以，激烈运动后，用 5～10 分钟时间做放松动作，使躯体和内脏比较一致地恢复到安静状态，是十分必要的。

当然，整理活动强度要逐渐降低，量也不宜过大。例如，经过 800 米长跑后，可再慢跑一段，走一段，边走边伸伸腿、弯弯腰，挥动一下双臂，或做做深呼吸。激烈运动后的整理动作，还包括伸长肌肉（如做体操）或者按摩（使用平推、捶、切、捏、刮、拍等手法）臂、腿、腰、背部的局部肌肉。这些活动都有松弛肌肉的作用。

饮食、营养方面的生活技能

蛋白质的来源和功能

蛋白质是人体一切细胞、组织的主要成分，是生命的物质基础，也是最重要的营养素摄入成分。

含蛋白质的食物有两类，一类是动物性的，如鱼、肉、蛋、牛奶等，它们含的蛋白质，统称为动物蛋白；另一类是植物性的，如大米、面粉、五谷杂粮、豆类、硬果（如花生、核桃）等，它们含的蛋白质，统称为植物蛋白。这些蛋白质经过胃肠内消化酶的作用，被分解为氨基酸后，就可以被小肠吸收了。

蛋白质的主要功能是促进生长发育，更新修复组织。此外，人体内还有许多重要的物质，如调节新陈代谢的激素和酶，运输氧气的血红蛋白，

肌肉收缩用的肌球蛋白、肌动蛋白，以及构成人体支架的骨胶原蛋白和增加身体免疫能力的丙种球蛋白等，都是以蛋白质为主要成分或由它提供原料的。蛋白质分解时，平均每克蛋白质可释放出 17.15 千焦的热量，供人体活动的需要。

学生对蛋白质的需要量，相对地大于成人，而且生长发育越旺盛，蛋白质的需要量越大。因此更要加强对优质蛋白质的摄入。

蛋白质摄入不仅要注意量，还要注意质。这是因为组成人体蛋白质的20 多种氨基酸中，有 8 种是人体不能合成而必须由食物供给的，这 8 种氨基酸叫必需氨基酸。食物里必需氨基酸越多，组成比例越接近人体蛋白质，就越容易被人体利用，营养价值就越高。鱼、肉、牛奶、鸡蛋等动物蛋白质符合这一特点，所以被称为"优良蛋白质"。

动物性蛋白质的营养价值高，并不等于说植物性蛋白质就不管用了。且不说蛋白质营养丰富的大豆，即使是几种蛋白质营养较低的食物，如大米、玉米、高粱等，只要将它们混合食用，也能因彼此之间的氨基酸成分的互相补充（即蛋白质的互补作用），而大大提高其营养价值。

脂类的来源和功能

脂类是脂肪和类脂（包括磷脂和胆固醇等）的总称。脂肪氧化是体内产热的主要形式之一，1 克脂肪氧化产热 38.91 千焦，比同量的糖和蛋白质氧化的产热量大 1 倍以上。

含脂肪的食物有 2 类。一类是动物性的，像猪油、奶油等；另一类是植物性的，像豆油、菜油、花生油、芝麻油等。植物油中不饱和脂肪酸含量较高，其中还有不少是人体不能自己合成的必需脂肪酸。这些必需脂肪酸不仅容易吸收，营养价值也比动物油脂高。

脂肪是体内释放能量的主要物质之一。人体摄入热量多时脂肪被贮存起来，一旦肌体需要又可被氧化而释放热量。贮存在皮下和内脏周围的脂肪，既能防止人体热量的散失，维持正常体温，又能保护肌体和内脏器官，防止因震动和撞击而引起损伤。脂肪还能帮助身体溶解和吸收一些重要的维生素，如维生素 A、D、E、K 等。

类脂的作用也很大。例如，胆固醇既是胆汁（用来促进脂肪消化）的主要成分，又是合成维生素 D、性激素和肾上腺皮质激素的原料。

脂肪和胆固醇作用虽大，但是吃多了对身体不利。脂肪在体内贮存过多，会引起肥胖病、高血压和糖尿病。脂肪和胆固醇沉积在血管壁会引起动脉粥样硬化，发生心绞痛和心肌硬塞。动脉粥样硬化从青少年时期就可逐步发生。

糖的来源和功能

糖是人体内主要的供能物质。每克葡葡糖经过氧化，可放出 17.15 千焦的热量，供人体完成体力和脑力活动所需。但是，人体内贮备的糖份很少，一般仅够半天之用，所以无论大人小孩子，都要靠一日三餐来及时补充。

糖的来源很丰富，主要来源于各类食物中的淀粉。淀粉是多糖，必须经过消化，分解成葡萄糖，才能被吸收利用。我们平时吃的主食，如大米、白面、玉米面等，都含有淀粉，一般通过消化淀粉，能使其中的 70% ~ 80% 分解成单糖而被人体利用。假如我们每天吃 500 克白面，仅其中的糖产生的热量就有 6700 千焦。此外，白面中还含有脂肪和蛋白质，糖、脂肪和蛋白质所产生的热量共有 7500 千焦。这些热量占 13 岁男孩每日所需热量（约 10000 千焦）的 75% 左右，基本上能满足需要。

糖除了供能外，还有许多重要的生理功能。如它与蛋白质合成的糖蛋白，是许多激素、酶和肌体的基本成分；糖蛋白中的黏蛋白是构成软骨、骨和眼睛的角膜、玻璃体的重要成分；糖与脂类结合成的糖脂，则是神经组织的主要成分；糖还是组成遗传物质（如脱氧核糖核酸）的重要成分。

青少年每日摄入的食物总热量中，糖热量一般以占 60% ~ 70% 比较适宜。糖摄入过少，会引起饥饿感，迫使肌体把本来可作他用的脂肪和蛋白质挪用来产生热量，这对生长发育会产生不利影响。糖的摄入也不是越多越好，因为多余的糖在体内不能久贮，而很快地转化成脂肪。这样，容易造成肥胖症。

无机盐的来源和功能

人体所必需的营养素中，有不少是无机盐成分，如钙、磷、铁、钠、

钾等。但是在青少年膳食中，最应优先考虑的是生理作用广泛而又容易缺乏的铁和钙。

人体内的钙，有99%存在于骨骼和牙齿中，是骨和牙齿生长的主要成分。在整个生长发育期，钙、磷等的蓄积量可以猛增40倍以上，而这都必须依靠膳食提供，所以，青少年的膳食钙需求量远高于成人。一旦缺钙，会得软骨病，牙齿萌出迟，生长发育慢，骨骼发育不健全。此外，钙还有许多生理功能，它既是许多酶的激活剂，又能调节心脏和神经的活动，维持肌肉的紧张力，还能促进血液凝固。所以，缺钙的儿童心跳会加快，心律会不齐，神经肌肉应激性过高，引起手、脚抽动等症状。

钙的食物来源很丰富。鸡蛋、牛奶、瘦肉、鱼、虾、黄豆等，都含有不少钙质。含钙的蔬菜也不少，像扁豆、豌豆苗、小白菜、油菜、雪里蕻、荠菜、葱头等，都是含钙150毫克~100克以上的"高钙食品"。但是，如果体内缺乏维生素D，或食物中含植酸、草酸等过多，就会影响钙的吸收。因此，学生要有较多的室外活动时间，多晒太阳，以促进维生素D的合成；食用含钙高而植酸也高的食物（如扁豆）时，则可先将菜略煮一下，去掉植酸，然后再炒，以利食后对钙的吸收。适当的烹调，如用糖醋烧排骨，文火炖骨头汤、煮黄豆等，也会使钙的摄入量成倍增加。

少年儿童体内含铁量只有1~2克。铁的含量虽小，但是生理作用大。它既是血红蛋白的组成成分，参与氧气和二氧化碳在体内的运输，又是细胞色素氧化酶和过氧化氢酶等的成分，在细胞代谢和能量释放过程中起着重要作用。少年儿童因为生长迅速，活动量大，新的血液组织在不断地形成，所以对铁的需求量较大。长期摄入铁不足或铁的吸收障碍，都会引起缺铁性贫血。这不但会减慢生长，使身体抵抗力下降，还会出现头昏、乏力、心慌、气短、匙状指甲、皮肤和黏膜苍白等贫血症状。

铁在瘦肉、猪肝、蛋黄、豆制品和绿叶蔬菜中含量较丰富，其中瘦肉和动物肝脏的铁含量最高，吸收率也高，所以是理想的补铁食物。而牛奶里铁含量就很低。铁的吸收还有一定的规律：无机铁比有机铁容易吸收，二价铁比三价铁容易吸收。维生素C可促进铁的吸收，而茶叶里的鞣酸则阻碍铁的吸收。所以从营养角度看，学生不要喝浓茶。

维生素的来源和功能

维生素是一类神奇的低分子化合物，在人体内含量很少。它既不是构成身体的原料也不能提供热量，但是却能促进生长发育、增进健康、增加肌体抵抗力，是维持正常发育和生命活动所必需的物质。

维生素多数在体内不能合成，要靠食物来供给。根据溶解性，维生素可分为脂溶性和水溶性两种。前者包括维生素 A、D、E、K；后者包括维生素 B_1（硫胺素）、B_2（核黄素）、烟酸（尼克酸）、维生素 B_{12} 和维生素 C 等。

在使用维生素时，要使各种维生素之间维持一定的平衡关系，以利身体健康。例如，维生素 B_2 缺乏常同时合并维生素 B_1（硫胺素）缺乏或烟酸缺乏，所以，一旦确诊有某种 B 族维生素缺乏时，应同时补充其他 B 族维生素。

身体发育和有关卫生方面的技能

青春期是身体发育的重要时期，身高生长突增既是进入青春期最早出现的信息，也是青春期重要的特征。女孩子的身高生长突增，一般从 9 岁开始，男孩子稍晚一些。当然，由于发育早晚不同，每个孩子的身高生长突增开始的年龄也是不同的。孩子在身高生长突增阶段有两个特点：一个特点是身高增长快，每年要增长 6~8 厘米，在身高快速增长的同时，全身各种组织、器官也在迅速发育，身高和各种组织、器官的增长，都是身体在建成新组织的基础上实现的。新组织的建立，需要大量营养物质，特别是需要蛋白质作为原料。另一个特点是精力非常旺盛，一天到晚不停地活动。活动量越大，消耗的能量越多。为了适应这两个特点，青少年在生活上应注意以下几点：

增强营养

为满足肌体建立新组织和正常生理活动对热量的需要，正在长个子的

孩子，应满足体内对糖类、脂肪、蛋白质、无机盐和维生素的需求，尤其对蛋白质的需求量。

保证足够的睡眠

保证足够的睡眠对生长是很重要的。我们知道，生长激素能促进生长。据测定，睡眠时生长激素的分泌量比觉醒时分泌的多，睡眠时间不足，体内生长激素的含量就会相对较低。此外，睡眠时同化（合成）作用相对地加强。由此可见，足够的睡眠，既有利于身高生长，又有利于物质在体内的积累。

加强体育锻炼

体育锻炼可以促进血液循环，改善长骨两端骺软骨的血液供应，使骺软骨细胞分裂、繁殖旺盛，从而有利于身高生长。血液供应的改善，在一定程度上，还能推迟骨骺的愈合，延长身高生长期，促使身体长高。

注意经期卫生

月经期间，由于子宫内膜脱落，使子宫内壁出现伤口；还由于经血从子宫流出，子宫颈口稍稍张开，使病菌容易入侵、繁殖，会造成感染。在经期，除因子宫发生上述局部变化而容易造成感染以外，全身的抵抗力也有所下降，所以在这个时期要特别注意卫生。但是，在初来月经时，往往不懂得经期卫生。因此，经期卫生知识的学习很必要。

（1）要消除封建思想的影响，正确对待月经这一生理现象。

不少学生把月经来潮看成是见不得人的事情，把月经带看成是脏东西，还将月经叫做"倒霉"。因此，她们碰到有关问题时就不愿和老师、家长谈。其实，来月经并不是倒霉，而是一种正常的生理现象，不注意月经卫生才会倒霉。一定要解决这些糊涂思想，才能真正做好经期卫生。

（2）要重视会阴部卫生。

重视会阴部（肛门和外生殖器之间）卫生，必须做到：

在经期，每天要用清洁的毛巾和温水擦洗会阴部，但是不要"坐盆"；

可以淋浴，但不要盆浴。"坐盆"和盆浴都有可能使脏水通过阴道进入稍稍张开的子宫颈口而发生感染。通过经期卫生教育，女孩子应该培养每天清洗会阴部的习惯。

要将洗会阴部的盆、巾与洗脚的盆、巾分开。特别是自己或家里有人患脚癣时，更要切实做到这一点。否则，可能会因盆、巾不分而发生霉菌性阴道炎。

（3）要注意全身保健。

在经期要避免受寒着凉，要保证足够的睡眠时间，以增强全身的抵抗力。

一般的体育活动和劳动是可以参加的，但是要避免过度疲劳，不要做剧烈的活动和搬运过重的物品。

科学看待遗精现象

随着生殖器官的发育，男孩子到达一定年龄，就会出现遗精。所谓遗精，即在睡眠时或梦中自尿道排出乳白色的精液。

十七八岁时，已有95%以上的男孩子发生过遗精。由于自然环境和生活条件的不同，首次遗精的年龄差异很大。个别男孩子始终不出现遗精，这也属正常。

遗精的间隔时间，每个人的长短是不一的。即使同一个人，在不同时期或不同条件下，间隔时间的长短也不一样。多数是每月遗精一二次，也有短至三四天遗精一次的，只要不是过于频繁，都属正常之列。因此，男孩子要自觉消除对于遗精产生的不必要的紧张、恐惧心理。

有人听信所谓"一滴精液十滴血"的说法，把精液看得特别宝贵，认为遗精会损害身体健康。其实，这种说法是不科学的。我们知道，精液的主要成分是水分，其中只含有很少量的蛋白质、糖类和无机盐，而且每次射出的精液只有三四毫升，丢失这么一点东西是不会影响健康的。至于那种认为遗精是一种病的想法，显然是错误的。但是，有些男孩子遗精过于频繁，一两天一次，甚至一夜数次，遇到这种情况，应该及时去泌尿科检查，以便确定有无前列腺炎等其他疾病。

喉结、变声和保护嗓子

人的发音器官是喉。喉位于颈部，由软骨（如甲状软骨）、韧带、肌肉和黏膜组成。本来，男、女孩子的颈部都是平坦的。但是青春期以后，男孩子的甲状软骨前方突起明显，这就是在颈部表面看到的喉结。喉结的出现，表明了喉的发育。女孩子虽然不出现喉结，但是喉也在发育。

喉腔内有一对声带，两侧声带之间的空隙为声门。气流通过声门时冲击声带，引起声带振动而发出声音。青春期时，男、女孩的声带都发生显著变化，男孩的声带增宽、增厚，而女孩的声带伸长，相对变窄。由于声带的变化，稚气的童音逐渐消失了。这时，男孩的发音频率低、声调变得粗而低沉；女孩的发音频率高，声调变得高而尖细。男孩子在出现粗而低沉的成人声调前，要经历一个变声期。变声期的声调虽然只是稍微增粗，但是却有点嘶哑，俗称"破嗓子"。一般变声期经历时约为半年至一年。

正在迅速发育的声带，都有轻度的炎性水肿，外界不良刺激容易造成声带的永久性损伤，而使成年后的嗓音受到影响。所以，变声期要注意保护嗓子。保护嗓子，主要应注意以下几点：

（1）不要让孩子大声嘶叫，也不要长时间唱歌、"吊嗓子"。

（2）不要吸烟。

（3）不要吃过辣、过酸的刺激性较大的食物。

不要束胸和勒腰

青春期后，乳房发育，表现出女性的体态丰满和曲线美。但是在农村，不少女学生因为害羞，把自己的胸部和乳房束得紧紧的。在城市，有些女学生为了苗条，充分显露曲线，而把腰部勒得细细的。有些男孩子为了表现自己潇洒、英俊，也喜劝勒紧腰部。束胸和勒腰对青少年的发育和健康会带来下列几种主要的不良影响。

对内脏器官发育的影响

处在发育时期的青少年，各种内脏器官也在发育。束胸可使心脏、肺

和大血管受到压迫，而勒腰则使胃、肝、脾和大肠、小肠都受到压迫，从而影响这些器官的发育和正常功能。

对呼吸功能的影响

人的呼吸运动方式有 2 种。一种是主要由肋骨和胸骨活动而产生的呼吸动作，叫胸式呼吸；另一种是主要由膈肌舒张、收缩而引起的呼吸动作，叫腹式呼吸。在正常情况下，两种呼吸运动方式是协调配合进行的。具体地说，吸气时，肋间外肌收缩，使肋骨和胸骨向上、向外移动，胸廓的前、后径和左、右径增大；同时，膈肌收缩，膈顶部稍下降，胸部的上、下径增大，这样就扩大了胸腔，肺也随着扩张。呼气时，肋间外肌和膈肌舒张，肋骨因重力作用而下降，同时，膈顶部回升，胸腔缩小，肺借本身的弹性而回缩。束胸会使胸廓不能充分扩大，影响胸式呼吸；勒腰会使膈顶部不能充分下降，影响腹式呼吸，从而使肺不能充分舒展扩张，吸入的空气减少，以致影响全身的氧气供应。

对消化功能的影响

胃、肠等消化器官需要连续不断地蠕动，才能使食物充分消化。而勒腰则会使胃、肠不能充分地蠕动，从而影响其消化功能。

对乳房的影响

女孩子束胸会压紧乳房，使血液循环不畅，从而影响乳腺发育。乳房长时间受压，还可能使乳头下陷，将来会给婴儿哺乳造成困难。

常见传染病及其预防

细菌性痢疾

细菌性痢疾是痢疾杆菌引起的一种肠道传染病，多发生在夏秋季节，

任何年龄均可发生，但是在儿童青少年中比较多见。

临床症状

发病急，有发烧、腹痛、腹泻、排脓血便和黏液便等症状，并有排不净的"里急后重"的感觉。细菌性痢疾的一种危重类型叫中毒型痢疾。中毒型痢疾发病急，肠道症状轻微，以高热、抽风为主。

传染源和传播途径

痢疾病人和痢疾带菌者是痢疾病的传染源。病原菌是痢疾杆菌，它存在于病人或带菌者的粪便中。通过生活接触、食物、水、苍蝇和污染的手经口感染。生活接触主要是接触病人或带菌者的生活用具。据调查，病人室内门的把手、床单、被单、玩具都可检出痢疾杆菌。苍蝇往来于粪便和饮食之间，带菌率可达 8% ~ 30%，这可看出痢疾的传播与苍蝇有一定关系。此外，被污染的手带痢疾杆菌率为 15%，说明脏手也起了传播作用。

预　防

预防痢疾病主要是加强环境卫生、个人卫生和饮食卫生。认真宣传和贯彻"三管一灭"，即管水、管粪、管饮食和灭苍蝇的方针。人人做到"四要、三不要"。"四要"是饭前便后要洗手；生吃瓜果要洗净；有病要早报告、早隔离、早治疗；要消灭苍蝇。"三不要"是不吃腐烂不洁净的食物；不喝生水；不随地大小便。

得了痢疾，既不要害怕，也不要轻视，要积极治疗。目前，治疗痢疾的药物很多，以复方新诺明、庆大霉素效果较好，其次为痢特灵、红霉素等。但是无论服什么药，都要坚持 5 ~ 7 天，要服完一个疗程，否则容易使病菌产生耐药性，也易变成慢性痢疾病人或带菌者，以后再治就困难了。

肝　炎

肝炎是由肝炎病毒引起的急性全身性疾病，主要病变在肝脏。根据肝炎病毒的类型可将肝炎分为甲型、乙型和非甲非乙型 3 种。甲型肝炎旧称传

染性肝炎，乙型肝炎称血清性肝炎，非甲非乙型肝炎的病毒性质和流行情况目前还不够了解。

临床症状

肝炎的主要症状是食欲减退、恶心、厌油腻食物，乏力，上腹部不适或发胀，大便变稀而色浅，肝脏肿大、压痛等。部分病人出现眼结膜黄染的黄疸症状，轻则几日消退，重则持续 10 周以上，但是多数在 2～6 周消退。在黄疸出现的前后几天，病人症状最明显，以后随着症状减轻黄疸消退，食欲也增加。肝炎病对人的健康和学习影响较大，绝大多数病人在 6 周至 3 个月内恢复正常，少数需半年。若半年未恢复，称迁延性肝炎；若超过一年未恢复，肝功能已不正常，应考虑慢性肝炎的可能。

传染源和传播途经

肝炎的传染源是肝类病人和带毒者。甲型肝类病人在潜伏期末至黄疸出现的 2～3 周均有传染性，以发病前 4 天和病初五六天传染性最强。甲型肝炎主要通过消化道传播，如日常生活接触了被病人或带毒者粪便污染的食具、用具等，而在进食前又未洗手，就可能把病毒吃进肚里而受感染。乙型肝炎患者的潜伏期、恢复期或隐性感染之后均带毒，它主要通过注射或日常生活密切接触，如共用饮食用具等而传染。

预　防

预防肝炎要做到以下几点：

（1）加强个人卫生，做到进食、便后和接触病人后用肥皂或流动水洗手，不互用食具、洗脸用具、刷牙用具和水杯。

（2）做好病人的隔离。急性期病人，隔离时间自发病之日起不少于 30 天；迁延性、慢性病人或澳抗阳性者，应进行适当隔离，做到餐具、生活用具分开，不进游泳池，把病人用过的月经纸及时烧掉等。

（3）做好餐具、生活用具消毒。肝炎病毒抵抗力很强，但是煮沸 20 分钟成高温高压 15 分钟即可灭菌。因此，家中有肝炎病人或被肝炎病人接触

过的餐具、生活用具等，可用此法消毒，预防传染。

流行性感冒

流行性感冒简称流感，是由流感病毒引起的具有高度传染性的急性传染病，传播快，易造成流行。

临床症状

流感起病急，病程短，全身中毒表现明显，如发烧、全身酸痛、衰竭样表现；而呼吸道症状，如鼻塞、流涕、喷嚏等症状则较轻，有时可继发肺炎。

传染源传播途径

流感病人是本病的传染源。病毒存在于病人的鼻涕、唾液、痰液等分泌物中，急性期病人在病初的 2～3 日传染性最强。在整个患病期都有传染性。

流感的传播途径主要是空气传播。病人的口、鼻分泌物以飞沫形式散播在空气中，健康人吸入带有病毒的空气可受到传染。此外，用病人污染的食具也可受到传染，在肌体缺乏锻炼、营养不良或过度疲劳时，因抵抗力下降就会发病。

预 防

预防流感要注意以下几点：

（1）要注意环境卫生，冬季室内温度较高，应注意温度合适，否则嗓子易干燥而降低对病原菌的抵抗力。要定时开窗，注意通风换气，保持室内空气新鲜。

（2）要讲究个人卫生，冬季养成入室脱衣，外出添衣的习惯；必须接触流感病人时要戴口罩，接触后要洗手。

（3）是在流行期间，平素体质较差的人可服药预防。家中有呼吸道疾病患者时，可用食醋熏蒸进行消毒。

流行性脑脊髓膜炎

流行性脑脊髓膜炎简称"流脑"，是由脑膜炎双球菌引起的常见的化脓性脑膜炎。多发生在冬春季节，少年儿童多见。

临床症状

流脑的临床特点是起病急、变化快。患者开始时一般都有发烧、嗜睡、剧烈头痛，有时伴呕吐，皮肤上可见到针尖大小或粟粒大小的出血点，用手压出血点不退色。病人如不及时治疗，病情会很快发展，可出现昏迷、抽风、血压下降等，危及生命。但是，如能早期发现、早期治疗，绝大多数是可以治愈的。

传染源和传播途径

流脑病人和流脑带菌者是流脑的传染源。流脑病原菌为脑膜炎双球菌。

脑膜炎双球菌在体外活动力极弱，在干燥、寒冷、月光下很快就死亡，对一般消毒剂如漂白粉、来苏水儿、酸均敏感。抗菌素类药物在短时间内也能将其杀死或抑制其生存。

脑膜炎双球菌存在于患者或带菌者的鼻咽分泌物中，借飞沫传播，如通过咳嗽、喷嚏、说话时喷出的飞沫直接在空气中传播，健康人吸入带有病原菌的空气后，病原菌自鼻咽部进入血液，形成菌血症，最后局限于脑膜、脊髓膜而发病。

预 防

预防流脑应做到：

冬春季节，要加强体育锻炼和户外活动，抗高肌体抗病能力。

冬季要注意室内的通风换气，勤晒被褥；在有人患呼吸道疾病时，要做好隔离和进行食醋熏蒸等室内消毒工作。

流行季节要注意流脑的预防。预防可选用2%～3%黄连素，或0.3%呋喃西林，或1：3000杜灭芬液滴鼻、喷喉。积极接受流脑菌苗的预防注射。

早晚用淡盐水漱口。此外，吃大蒜也有助于预防本病。

流行性腮腺炎

流行性腮腺炎，俗称"痄腮"，是由腮腺炎病毒引起的急性呼吸道传染病，冬春季节可发生流行，老幼均可发病，但是其中有 90% 是 2～15 岁的儿童。病后可获得免疫，再患者少见。

临床症状

开始发病时，轻者不发烧，常是一侧以耳垂为中心的弥漫性肿大、疼痛，咀嚼食物时更痛，肿胀部位有灼热感，1～2 天可累及对侧。从外表看，腮腺肿胀多不发红，只是皮肤紧张发亮。一般在 4～5 天后肿胀消退并恢复到正常，整个病程约为 10～15 天。较重的患者有发热、怯冷、头痛、咽痛、食欲不佳、恶心、呕吐等症状，1～2 天后出现腮腺肿胀，肿胀部一般不会化脓。但是，如果治疗不及时或护理不当，可并发脑膜炎、睾丸炎、卵巢炎。

传染源和传播途径

腮腺炎病人是本病传染源，病毒存在于患者的唾液中，经过飞沫通过呼吸道传染。

预　防

隔离患者至肿胀完全消退后一周为止。

接触者口服板蓝根冲剂，早晚用盐水漱口。

病人应卧床休息、勤漱口，保持口腔清洁；饮食应吃清淡易消化的食物，多吃水果、蔬菜，不吃酸、辣的刺激性食物，以免唾液分泌增高，腮腺肿痛。

猩红热

猩红热是由乙型链球菌引起的急性呼吸道传染病。冬春季节发病多，

常见于 2~12 岁的儿童。

临床症状

一般症状：起病急骤，开始有发烧（39℃~40℃）、畏寒、头痛、恶心、呕吐、咽痛、咽充血、扁桃体红肿等症状。

猩红色点状皮疹：起病 1~2 天后开始出疹，皮疹从耳后、颈部开始逐渐波及下肢，针头大小均匀的点状充血性红疹，用手压之可退色，去压后红色小点又出现，随之融合成片。皮疹的分布，一般以颈部、躯干的皮肤皱褶处和大脑内侧较多。皮肤有瘙痒感。全身皮肤充血，面部潮红，但是口唇周围苍白，称环口苍白圈，这是猩红热的重要体征。皮疹在发病 2 天后达高峰，经过 2~4 天完全消失。皮疹消退后 1 周左右开始脱皮，脱皮部位的顺序与出疹同；皮屑呈糠屑样或片状。

杨梅舌：病初起时，舌有白苔，乳头红肿，以舌尖和舌前边显著，以后舌苔脱落，舌面光滑呈肉红色，乳头隆起呈杨梅状，称为"杨梅舌"，有轻度痛感。猩红热的愈后一般良好，少数可因变态反应而出现心、肾损伤。

传染源和传播途径

猩红热患者是本病的传染源。病原菌藏于病人咽喉部，主要通过飞沫随空气传播。

预 防

疾病流行期间，不去公共场所和影剧院，去时应戴口罩。
服药预防，可根据各地情况采用。

流行性乙型脑炎

流行性乙型脑炎，简称"乙脑"，俗称"大脑炎"。它是由乙型脑炎病毒引起的中枢神经系统急性传染病，通过蚊子传播，因此，有严格的季节性，流行于夏、秋季。

临床症状

乙脑病毒侵犯脑组织后，引起神经细胞的炎症，病人常常表现为突然发高烧，体温高达39℃～40℃，甚至40℃以上，同时有恶心、呕吐、倦怠或嗜睡。有些病人可有颈项强直或抽搐，但是神志清楚。头痛是最早出现的症状，抽搐出现于早期，与高热同时存在。绝大多数病人经积极治疗，症状会减轻或消失；少数病人留有低热、出汗、失语、瘫痪、智能障碍等恢复期的症状，经治疗以后，6个月内逐渐恢复正常。而极重型的乙脑病人虽然经过抢救，挽救了生命，但是留下了终身后遗症，如智力低下、语言障碍、肢体瘫痪等。

传染源和传播途径

乙脑是人畜共患的传染病，因此，乙脑的传染源除乙脑病人外，家畜中的猪、马、牛、羊和家禽都可以是隐性感染者而成为传染源。乙脑的传播媒介是蚊子，蚊子叮咬了乙脑病人或带有乙脑病毒的家畜后，再去叮咬健康人，就会将乙脑病毒传染到健康人体内，而使健康人得病。

预　防

预防乙脑的具体措施是：

控制传染源，隔离病人，流行季节对疑症病人也应隔离，并防被蚊子叮咬。做好牲畜棚圈和畜舍的环境卫生，做到勤垫、勤打扫，并用杀虫剂灭蚊。

消灭传播媒介——蚊子，是预防乙脑和控制本病流行的一项根本措施，冬春季节要结合大扫除消灭越冬蚊；夏秋季节要灭成蚊和消除蚊子孳生地。同时要充分利用蚊帐、避蚊油、烟熏剂等防蚊、驱蚊。

意外伤害处理技能

出血处理

血液是人体重要的组成部分，成人的血液总是约占其人体重的8%，少年儿童血液的总量可达体重的9%。创伤一般都会引起出血，当失血量达到20%时，就会有明显的临床症状，如血压下降、休克等，失血量达到30%以上时，就有生命危险。因此，判断出血量的多少和及时止血是非常重要的。

出血按其出血部位可分为皮下出血、外出血和内出血3类。少年儿童在学校或家庭中发生的创伤，大多数是外出血和皮下出血。这里仅就皮下出血和外出血做些介绍。

皮下出血

皮下出血多发生在跌倒、挤压、挫伤的情况下，皮肤没有破损，仅仅是皮下软组织发生出血，形成血肿、瘀斑。这种出血，一般外用活血化瘀、消肿止痛药稍加处理，不久便可痊愈。

外出血

外出血是指皮肤损伤，血液从伤口流出。根据流出的血液颜色和出血状态，外出血可分为毛细血管出血、静脉出血和动脉出血3种。最常见的是毛细血管出血。毛细血管出血时，血液呈红色，像水珠样流出，一般都能自己凝固而止血，没有多大危险。静脉出血时，血色呈暗红色，连续不断均匀地从伤口流出，危险性不如动脉出血大。动脉出血时，血液呈鲜红色，从伤口呈喷射状或随心搏频率一股一股地冒出。这种出血的危险性大。

止血方法

止血方法有以下几种：

1. 一般止血法

对毛细血管出血或一般伤口较小的静脉出血，用纱布绷带加压包扎，即可止血。

2. 指压止血法

动脉出血或大的静脉出血，则宜用指压血法止血。具体做法是用拇指或拳头压在出血血管的上方，使血管被压闭合，以中断血液流动而止血。常见的指压止血法有：

（1）上肢指压止血法。此法用于手、前臂、肘部、上臂下段的动脉出血，主要压迫肱动脉。可用拇指或四指并拢，压迫上臂中部内侧的血管搏动处。

（2）下肢指压止血法。此法用于脚、小腿或大腿动脉出血，主要压迫股动脉。可用两手拇指或拳头压迫大腿根部内侧的血管搏动处。

（3）肩部指压止血法。此法用于肩部或腋窝处的大出血，用手从锁骨上窝处压迫锁骨下动脉。

（4）面部指压止血法。此法用拇指压迫耳屏前的血管搏动处以止血。指压法只能作为应急处理，处理后应及时送医院作进一步处理。

伤口的初步处理方法

在发生创伤以后，对伤口的处理，一定要做到及时、正确。伤口处理得好，受损部位的组织能够迅速愈合；如果伤口处理不当，则可引起伤口恶化，如出血、化脓，甚至引起全身性感染，增加痛苦，严重的还可危及生命。

首先用自来水、凉开水或生理盐水把伤面及其周围冲洗干净。冲洗时应自伤口中心由内向外冲洗。擦洗过伤口外围的棉球，不能再用来擦洗伤口，以防污物、病菌对伤口的感染。如果没有生理盐水，可以自制盐水，用来冲洗伤口。这种盐水的配制方法是用500克凉开水，加盐5.5克，煮沸消毒。接着进行现场包扎。包扎是保护伤口的重要措施。一般说来，包扎时要做到：动作迅速、轻柔，部位准确；包扎严密牢靠、不松不紧。同时，还要做到严格认真、无菌操作，以防感染。

包扎伤口的方法有以下几种：

（1）环形包扎法：环形包扎法应用于肢体粗细比较一致的部位。用绷带作环形缠绕，第一圈要拿出一角，反折回来压在第二圈下面，最后一圈的带尾用胶布固定，或剪成两条，分左右绕回打结。

（2）螺旋包扎法：螺旋包扎法适用于四肢、胸、背、腰等肢体粗细比较一致的部位。方法是先用绷带环形缠绕数圈，然后斜向上缠，每圈盖住前一圈的 1/2 或 1/3。

（3）螺旋反折包扎法：螺旋反折包扎法适用于前臂、小腿等部位。从远端开始，先用环形包扎法缠绕数圈固定，再做螺旋形法缠绕，每圈反折一次，盖住前圈的 1/2 或 1/3。

（4）"8"字环形包扎法："8"字环形包扎法应用于关节弯曲处。方法是在关节弯曲处上下两方，一圈向上一圈向下成"8"字形的来回缠绕，每圈在弯曲处与前圈相交，同时根据情况与前圈重叠或压盖 1/2。

（5）三角巾包扎法：三角巾包扎法应用于较大的创面，悬吊手臂或固定夹板。

（6）四头带包扎法：四头带包扎法应用于固定敷料，将带的中间位放在伤口敷料上，四个头分别拉向肢体对侧打结。

人工呼吸

人体所需氧气，都要通过呼吸来获得，呼吸一旦停止，生命也就垂危。因此，当煤气中毒、溺水、触电等病人出现呼吸停止时，应立即用人工呼吸进行抢救。人工呼吸是根据呼吸运动的原理，用外力使病人胸廓扩大和缩小，引起肺被动地舒张和收缩，以帮助病人恢复呼吸。

人工呼吸方法有多种，其中以口对口吹气法最为实用、有效和简单易行。其具体做法和步骤是：

尽量选择空气新鲜而又流通的场所进行。

使伤病员的呼吸道通畅，如将口、鼻内的痰、鼻涕清除干净。

解开衣领、乳罩、腰带，使得胸廓活动无阻力；让伤病员仰卧，头部尽量向后仰，将下颌抬起。口对口吹气 15～20 次。

吹气时要观察反应。气吹入后，伤病员胸部略有隆起为成功，如无反应，则要检查呼吸道是否不通畅或吹气方法不当、力量不足。

心脏挤压法

心脏停跳，血液循环随即中断，这意味着生命活动即将停止。用人为的外部力量，挤压心脏，使心脏重新进行工作、血液循环得以恢复的方法，称为心脏挤压法。这里介绍的是应用最广、操作简单、实际效果好的胸外心脏挤压法。

心脏位于胸腔内。胸廓由肋骨、胸骨和胸椎共同围成。胸骨与肋骨相连结处是肋软骨。如果用力挤压胸骨下部，能使胸骨下陷 3～4 厘米，从而挤压心脏，使血液由心脏射出；压力解除后，胸骨由于两侧肋骨的支持，又恢复到原来的位置，心脏处于舒张状态，从而促进静脉血回流到心脏。如此不停地有节奏地挤压，血液循环可得到维持，心跳可望恢复。

心脏挤压法的具体操作是：

病人仰卧于硬板床上或地上，救护者站在其左侧，以手掌平放在胸骨下 1/2 处，有节奏地带冲击性挤压胸骨，使其下陷 3～4 厘米，然后放松。如此反复以每分钟 60～80 次速度进行。

观察和触摸伤病员颈动脉。颈动脉如有搏动，证明有效，同时病员脸色可转为红润，瞳孔逐渐缩小。一般情况是，人工呼吸和心脏挤压多同时进行，常常是吹一口气，挤压心脏四五次，如此反复进行。

常见软组织损伤及其处理

学生在田径运动（如跑跳）时摔倒，常会发生软组织擦伤、刺花伤等损伤。

擦　伤

擦伤一般是在冲击作用下与硬物相擦而形成的皮肤表皮的创伤。伤口部浅而脏，损伤面较大而不规则。擦伤的处理是，用凉开水或生理盐水把伤面冲洗干净，伤面较小时，涂上红汞水或紫药水；伤面较大时，可贴敷

油纱布，然后包扎，能很快痊愈。

刺花伤

一般发生在摔倒时，皮肤与地面上的砂粒、渣屑相撞，使砂粒、渣屑嵌入，而引起的一种皮肤损伤。刺花伤的处理是，用凉开水或盐水把创面洗干净，砂粒或渣屑冲不掉时，需用软毛刷边刷边冲洗干净，然后局部消毒，敷盖油纱布包扎。砂粒、渣屑冲不干净，会影响伤口愈合。

肌肉、韧带撕裂

肌肉、韧带撕裂伤，俗称扭伤，多发生在四肢的关节部位，是关节部位的肌肉、韧带、关节囊等软组织因过度牵拉而发生的损伤。损伤的局部出现充血、肿胀和疼痛，活动受到限制。肌肉、韧带撕裂后的处理是：休息、消肿、止痛。初期应充分休息，停止活动，以减少出血。如果软组织内出血明显，可采用冷敷，以达到止血、消肿、止痛的目的。经 24 ~ 48 小时，在出血停止后，可用温热疗法以消肿和促进血液吸收。在进行温热敷时，温度不要太高，时间不宜太长，一般不超过 30 分钟，以免加重渗出、水肿或发生再出血。中药的七厘散有活血止痛作用，可以外敷，也可以内服，都有良好效果。

眼外伤处理

少年儿童相互打闹、坑耍棍棒中，常因不慎撞击眼部，而发生眼球挫伤。挫伤处理不当或不及时，有时会引起视力减退，甚至失明等严重后果。轻度挫伤一般仅有眼睑和结膜瘀血，局部肿胀、疼痛，视力多不受影响。初期用冷敷，2 天后改用热敷，或外敷白药、"三七"粉等，能很快痊愈。

重度挫伤可有眼睑气肿，眼眶骨折，虹膜断裂，眼内出血，晶状体、视网膜受损伤，甚至眼球破裂。但是，有时表面体征并不明显，容易误诊。伤员还可能并发头晕、呕吐等。因此，重度眼挫伤，应立即送医院处理。

值得重视的是，眼球挫伤后，短期内视力多不受影响，也可能没有症

状，但是在几个月，甚至更长时间以后，可能会出现青光眼症状，如眼胀、头痛、视力减退、视野缩小，甚至失明。据统计，眼挫伤中约有 80% 会发生青光眼的前兆——前房角后退。因此，不能因症状轻而忽视其严重后果，应定时去医院检查眼压。

鼻出血处理

少年儿童的鼻出血，多见于外伤，也可因黏膜干燥抠挖鼻腔引起。由于鼻黏膜内血管丰富，鼻出血比一般外伤出血来势要猛，因此，易造成惊慌、紧张心理。在处理时首先要消除紧张、害怕心理；其次是采取平卧或坐位，头后仰，以减少鼻末梢血管内的血量。少量出血时，进行冷敷止血，其方法是前额敷以冷湿毛巾，或用干净棉花浸透冷水，敷于鼻梁骨上，上至眼角，下至鼻尖，可较快止血。出血较多时，可用脱脂纱布条塞入鼻腔，紧紧压迫局部以止血。有条件的可以在棉条上洒上"白药"或滴上肾上腺素，则效果更好。经常性出血或因外伤引起的鼻出血，在采取上述方法不能止血时，应尽快送医院治疗。

中暑的预防和处理

中暑包括日射病、热射病和热痉挛。这里介绍的是由于阳光长时间照射头部，使脑膜和大脑充血而引起的日射病。在少年儿童中，由于在烈日下长时间站立、劳动、徒步行军等情况而引起的中暑为多见。中暑多发生在一些体质较弱，平时缺乏锻炼的少年儿童中。

中暑的表现是起病急，有头痛、头晕、耳鸣、眼花，严重时有呕吐、烦燥不安。从外表看，面色苍白，皮肤湿冷，脉膊细而快，体温不高、血压可下降。

中暑的预防一是在阳光下长时间活动，要戴帽子，避免阳光直接照射头部，要穿着浅色易于反光散热的衣裤。

安排好劳动、锻炼时间。一般应避免在中午最热的时间（上午 11 时至下午 3 时）进行劳动、锻炼。同时要注意每次劳动、锻炼的时间不要太长，要勤休息，不要过累。

如果发现中暑，首先把病人移至阴凉通风处，并且解开病人的衣扣让他躺下。用冷水浸湿毛巾敷在头上，用扇子搧风，帮助病人散热，还要给病人喝清凉饮料、盐水。服十滴水、人丹，鼻孔涂用避瘟散。同时，在风池、大椎、足三里处配以针刺，重病人可针刺人中。

溺水、触电的急救

溺水的急救

人沉入水中，生存时间短，一般只五六分钟就可危及生命。所以，发现有人溺水时，应及时进行抢救。

溺水者被救上岸后，应迅速将其口鼻内的分泌物、污物清除，同时解开衣扣、腰带。第一步先控水。控水时采用头低、脚高的体位，将溺水者的呼吸道和胃里的水挖出来。最简便的控水方法是：救护者一腿跪地，另一腿屈膝，将溺水者的腹部放在救护者的膝盖上，使其头下垂，并按压其背部，使水流出。儿童溺水后，可提起双脚挖水。第二步进行急救。

溺水者经过控水后，如果效果不明显，应立即采用人工呼吸和胸外心脏挤压等措施进行急救。但是二者要协调进行，一般每吹一口气，做 4～5 次心脏挤压。在医务人员未到现场前，要坚持不断进行，不可放松。

触电的类型

（1）一相触电。人体接触一根电线，电流从人体触电处通过至全身，这种情况的触电叫一相触电。这在日常生活中多见，如湿手摸开关，摸灯口而引起的触电。

（2）跨步电压触电。电线断落于地面时，就会以断落处为中心，形成大小不同的同心圆的电场。当人步入这个同心圆中，就会触电。一般在电线落地点为中心的 10 米以内，人步入时就可触电，而且离中心越近，电压越高，危险也越大。

（3）雷击。自然界中的雷击，也是一种触电。多在大雨闪电雷鸣，人在山坡上行走，或在树林里、高大建筑物下躲雨时发生。由于雷击时电压

高，电流量大，因此，这种触电后果严重。

触电的预防

预防触电主要是加强安全用电的教育，如湿手不能触摸电器开关，不在电线下放风筝、捕蜻蜓，不爬电线杆，不在高压电线下玩耍等。

触电的急救

迅速切断电源，如关闭电闸，用干燥的木棒或竹竿等将断落的电线挑开，千万不可因救人心切而直接用手去拉触电人，结果会造成自身触电。

现场急救，可用人工呼吸和心脏挤压等方法抢救触电人，直到送进医院或医务人员到来为止，不可中断。

触电的急救

电流对人体的损伤，有局部症状和全身症状两种。局部症状轻者只有发麻感，重者可出现烧伤。全身症状轻者出现精神紧张，表情呆滞和呼吸、心跳加快等；严重时可发生呼吸、心跳骤然停止。呼吸和心跳是维持生命的关键，因此，触电对人的生命危害严重。

狗、蛇咬伤的处理

狗咬伤

人被健康的狗咬伤，仅为一般的外伤，不甚严重。但是，如果被患狂犬病的狗（疯狗）咬伤，由于狂犬病毒进入人体，则会使人患狂犬病，甚至使人发生致命的危险。

狂犬病潜伏期短者10余日，长者可达半年或1年。病人发病后症状严重，表现为烦躁不安、恐水、抽搐、牙关紧闭、角弓反张，最后因呼吸麻痹而死亡。恐水为突出的症状，表现为饮水、见水或闻流水声皆可引起咽喉痉挛和全身抽搐，故又叫"恐水病"。狂犬病患者的死亡率高，因此要做好预防和早期伤口的处理。

如被狗咬伤，应立即去医院认真处理伤口。

应将咬人的狗捕获、观察，以确定其是否为狂犬病狗，凡属可疑病狗，被咬人都应注射狂犬疫苗。疫苗注射按使用说明书，从注射之日起，在第3天、第7天、第14天、第30天，各注射1针，共注射5针。被狂犬咬伤后，应向当地卫生防疫部门报告，以便做好防疫工作。

要注意对狗的动态的观察。狗患狂犬病时性情突变，狂躁易怒、狂吠咬人，咬家禽；有的则不食不动，消瘦。狂犬病毒在狗的唾液中，人接触后，经过破损皮肤进入人体，即能患狂犬病。被狂犬病狗咬过的家禽，不能食用，并且要作深埋处理。

在狂犬病发病地区，凡被狗咬过的人，都应按狂犬病处理。

蛇咬伤

在树林、草丛中行走，被蛇咬伤是常有的事，由于毒蛇与无毒蛇不易辨别，因此，被蛇咬伤后，都要按毒蛇咬伤处理。

如被蛇咬伤，在伤口上方应用止血带或代用物缚扎，以阻断毒液在体内扩散，待毒液排净后才解开。用凉开水或盐水冲洗伤口，如毒液流出不畅，可用手挤或用吸奶器吸，也可直接用口去吸。但是用口吸毒液时，口腔必须没有破损、溃疡或其他疾病。伤口冲洗后，应速送医院进一步处理、治疗。

食物中毒的处理

吃了被细菌污染或含有毒素的食物而发生的疾病叫食物中毒。食物中毒按其原因可分3类：细菌性食物中毒，有毒动物、植物食物中毒和化学性食物中毒。

细菌性食物中毒多发生在夏秋季。因为食物没有烧熟煮透，或放置时间过长，或操作中不注意卫生，被细菌或其毒素污染而引起。这些细菌大多为致病能力很强的病菌，包括嗜盐菌、致病大肠杆菌、沙门氏菌、葡萄球菌和肉毒杆菌等。它们或是在大肠里大量繁殖引起急性感染，或是在食物中释放外毒素，被肠道吸收后引起中毒反应。

有毒动物、植物食物中毒，多因误食本身含毒素的河豚、发芽的马铃薯、生扁豆、腐烂的甘薯、有毒的蕈和蘑菇等食物，或因烹调处理不当而引起。

化学性食物中毒，是食入了被农药（含砷、有机磷、有机氯）或有色金属化合物和亚硝酸盐等污染的食品而引起的中毒。

下面重点介绍几种常见的食物中毒。

苦杏仁中毒

少年儿童剥食杏仁、桃仁、枇杷仁而引起的中毒，在山区是常见的。在这些核仁中，有一种叫苦杏仁甙的成分，水解后能释放出氰氢酸。氰氢酸能与人体内的细胞色素氧化酶中的铁结合，而使细胞缺氧。食用这一类种子后，人就会出现缺氧、中毒症状。它的毒性很强，据报导，吞食苦杏仁6粒即可引起儿童中毒，吞食16粒即可引起死亡。

轻度中毒患者有头晕、头痛、无力、恶心，4~6小时后症状可消失而自愈。

中度中毒患者，除有上述症状外，还有呕吐、腹痛、神志不清、腹泻等。

重度中毒患者不仅上述症状明显，还可有呼吸困难、呼吸快而弱、昏迷，最后因呼吸中枢麻痹而死亡。

如发现中毒，尽快催吐、洗胃，用1∶5000的高锰酸钾溶液或口服10%硫化硫酸钠100~200毫升进行处理。送医院进行特效治疗。

如果要吃苦杏仁必须将苦杏仁用热水浸泡12~24小时，并勤换水，去皮，煮时不加盖，直到水无苦味时方可食用，但是食量依然不能过多。

海棠、煮山里红中毒

海棠、山里红是学生们喜欢吃的水果，它们本身不会引起中毒，但是在熟食时，如用铁锅煮，则会因果品中的果酸与铁发生化学变化，生成低铁化合物而使人中毒。因此，不要用铁锅熬煮海棠和山里红，以防中毒。中毒后发病快，一般进食后几十分钟内就发病。也有的在2~3小时内出现

中毒症状。主要症状是恶心、呕吐，同时舌和齿龈出现紫黑色。中毒后的急救，主要是对症治疗。

甘薯中毒

甘薯变硬、变黑、变苦味，是甘薯霉烂的现象，被称为甘薯黑斑病。这种病是由黑斑菌引起的。黑斑菌产生的毒素耐热，蒸、煮、烤都不能将毒素破坏，因此无论生吃或熟食黑斑病甘薯，都能引起中毒。其中毒表现一般是，吃后 24 小时内发病，有恶心、呕吐、腹泻等症状；严重者 3～4 天后体温升高，如不及时处理，会引起死亡。因此，如发现中毒就应进行急救处理，对病人立即进行催吐、导泻和对症治疗。目前尚无特效药物。

为预防中毒，不吃变硬、变黑、变苦的霉烂甘薯。农村晾晒的甘薯干，霉烂变黑的就不能吃，也不要用它喂牲畜。

豆浆中毒

在学校食堂或学生课间加餐时，常有豆浆中毒的现象出现。这是由于大豆中含有一种胰蛋白酶抑制物，这种抑制物能抑制体内胰蛋白酶的正常功能，并且刺激胃肠道。这种物质耐热，需经受较长时间的高热才能破坏。因此，人吃了未煮熟的豆浆就会中毒，可以出现恶心、呕吐等症状。这些症状一般在进食 0.5～1 小时后发生，但是能很快自愈。为保证学生健康，必须将豆浆煮沸后再吃，绝不可贪图省事，供给木煮沸的豆浆食用。

煤气中毒的急救

煤气是一种混合气体，其中有 30% 是无色、无味的一氧化碳，所谓煤气中毒实质是一氧化碳中毒。由于一氧化碳与血液中血红蛋白的结合力，比氧气与血红蛋白的结合力大 240 倍，因此，当人们吸入一氧化碳后，一氧化碳即与血红蛋白结合形成碳氧血红蛋白，破坏了血红蛋白正常结合形成碳氧血红蛋白，破坏了血红蛋白正常运输氧气的功能，使人体缺氧而出现中毒症状，严重时能引起死亡。

吸入低浓度一氧化碳时，可出现头晕、头痛、眼花、全身无力、呼吸急促；吸入高浓度一氧化碳时，头痛、头晕加重，并出现耳鸣、心跳、恶心、呕吐、面色潮红、脉快、多汗、烦躁，最后不省人事，如不及时抢救，可由于呼吸、心跳停止而死亡。

发生煤气中毒的原因主要是冬春季节，室内取暖煤炉封火以后，由于炉内的煤燃烧不完全而产生一氧化碳较多，这时如果门窗紧闭，室内门窗上又无通风的风斗等，会使一氧化碳在室内蓄积而使人中毒。另外，室内炉子未装烟筒，或烟筒漏气，烟道被烟尘堵塞等，也可使室内一氧化碳蓄积而使人中毒。

发现煤气中毒时，应立即打开门窗，并将病人立即移至温暖、通风好的房间内或户外，使病人能迅速吸入新鲜空气，但是，要注意保暖，盖好被子或披上棉大衣。能饮水者，可给其喝热的糖茶水。必要时，可针刺人中穴。呼吸困难或刚停止呼吸时，应立即做口对口吹气，如果心脏已停跳，应同时进行胸外心脏挤压法，并立即请医生急救，护送去医院。

❖ 学习技能提高 ❖

学习与学习技能

学习的概念

学习有广义和狭义之分。广义的学习是指人和动物在生活过程中获得经验和能力的过程，包括人的学习和动物的学习。狭义的学习是专指人的学习，即人类在生活过程中，利用语言作为工具获得知识和能力的过程。

中小学生的学习是人类学习活动的一部分。

中小学生学习特点

中小学生的学习活动是人类学习活动的一种特殊形式，它有别于人类一般的学习活动，有它特有的特点。

第一，中小学生的学习是以掌握书本上的间接知识经验和培养自己的能力、发展智力为主。

中小学生在学校学习，首先要掌握人类长期积累起来的社会历史经验、知识，即间接知识经验，中小学生学习的教科书上的知识就是这些间接知识经验的具体表现。学生进入学校进行学习的主要目的之一就是掌握这些知识经验，从而为社会的进步和实现自己的理想打下良好的基础。

中小学生学习的另一重要目的就是培养和获得技能，发展智力，如观

察技能、记忆技能、想象技能、思维技能、创造性地解决问题的技能，以及个人的一些特殊才能。这些技能的培养与获得都是学生学习知识和今后顺利地适应社会生活的基础。

第二，学生的学习主要是在教师的指导下，有目的、有计划、有组织地进行，同时伴随有大量的自学活动。

学生的学习主要是在教师的指导下进行的，中学生阶段是学生接受老师指导最多的阶段。小学时期学生的学习内容较单一，老师们注重的是对学生进行集体的组织和指导。进入中学以后，学习内容变得复杂了，语文、数学、物理、化学、外语、史地生等课程都要学习，中学生因而会接触到数量更多的老师，但老师们在对学生进行集体组织的基础上，更注重从人际关系和每个学生的特点出发，对中学生进行个别指导，因而中学生有更多的机会接受老师的指导。升入大学，教师对学生学习的指导便会越来越少了。由此可知，中学生的学习的一个显著特点是老师的组织和指导在学习过程中占有重要地位。

另外，到了中学阶段，学生已经具备一定的自学能力，有的同学自学能力很强，但大多数的自学能力尚在形成和发展中，还没有完全独立的自学能力。初中阶段是训练培养学生自学能力的关键时期，升入高中以后，大多数学生都能进行不同程度的自学活动。

小学时期是一个人学习生活的启蒙阶段和入门阶段，中学的学习才是一个人以后学习工作和生活的基础。在中学阶段，学习的范围较小学时期突然变得广阔了，中学生开始广泛接触关于自然界和人类社会的各方面的基础知识，开始掌握社会的、历史的、数理化的知识及其原理和规律，中学生开始有了自己的远大理想和目标，人际关系有了很大的飞跃，生活变得日益丰富起来，中学生开始独立地思考问题和解决问题，个性品质开始初步形成，个人兴趣在初中开始变得广泛，在高中则变得单一和集中，愈来愈对自己热心的一方面感兴趣，并逐步发展自己的特长。广泛的基础知识的获得、个人的理想和世界观及某些个性品质的初步形成和发展、个人特长的形成等都成为中学生以后学习工作和理想的雏形，它对于人的一生都会产生潜移默化的、具有决定性的影响。

47

学习技能

学习技能是技能的一个特例。它是人们为了达到学习的目的而必备的工具，归根结底，学习技能是学生认识世界、发展自身素质的工具。

学习的技能包括观察的技能、记忆的技能、思维的技能、想象的技能、预习的技能、听课做笔记阅读口述写作等等的技能。

人既要学习，更要善于学习。善于学习的含义就是能够在最短时期内掌握更多的知识，也就是能高效地学习。要提高学习效率，就必须掌握学习技能，掌握怎样使用这些工具，才能够实现学习目的。

中学生要在较短的时间里掌握大量的基础知识、培养自己的素质，更是需要善于选择技能、提高自己的学习效率。我国有句古话："工欲善其事，必先利其器。"这就是说，人要干好某种事情，必须首先有锋利的工具和有效的手段。学习也是这样，中学生必须首先掌握学习技能这个手段和工具才能搞好学习。

如果说知识就是黄金，是宝贵的财富，那么，学习技能就是"点金术"，掌握了这个"点金术"，知识财富就会取之不尽、用之不竭。

思维的技能

宋代大教育家程颐认为："为学之道，必来丁思，思则得之，不思则不得也。"虽然他所说的"思"与我们使用的科学意义上的"思维"在涵义上并非完全吻合，但他的这一论断却恰如其分地向我们指出了学习过程中思维的巨大意义。既能"为学之道，必来于思"，那么为了切实提高学习效率，我们就不得不对思维给予极大的重视，对学习过程中的思维技能给予探索。

思维的一般过程

1. 分析与综合

所谓分析就是在大脑中把事物分解为几个部分、要素，或者把事物发

展过程分作几个阶段，分别加以思考的过程。综合则是在大脑中把事物的组成部分、要素等按照一定关系联结或结合起来，组成一个整体加以思考的过程。分析与综合是统一思维过程的两个侧面，相互依赖，互为条件，相辅相成。分析中有综合，如分析某一事件产生的原因，便使原因和结果联系起来，联系便是综合。综合中也有分析，综合起来的是分析开来的各个部分，分析以综合为前提，又是更深入地认识综合体的先决条件，综合以分析为基础，分析越细致，综合越全面；分析越精确，综合越完善。

2. 比较

所谓比较指的是在大脑中确定事物间的共同点和差异点，有的是在同一类事物间比较，找出共同点，便于掌握概念的含义。有的则是在不同类的相似相近的事物间进行比较。如同义词近义词的辨析，经过比较找出异同，有助于弄清它们的联系与区别。

3. 抽象与概括

所谓抽象是在大脑中抽象出一些事物的本质属性而舍弃其非本质的属性的思维过程，而概括则是把抽象出来的本质属性推广到一类事物上，使之普遍化的思维过程。抽象与概括的关系密切，不先抽象出事物的本质属性，便无法概括到一类事物上，而没有概括性的思考，就不能抽象出事物的共同本质。

4. 具体化

所谓具体化，就是把抽象概括出来的概念和一般原理应用到具体事物上，如学习中使用一般原理，或解释新的具体现象或解答习题和解决新问题，都是具体化的过程。

5. 系统化

所谓系统化就是把知识分门别类地构成一个层次分明的统一的整体。如学习课文写出课文提纲，学习历史编出历史年表，研究化学按元素的原子量编出元素周期表等都是系统化的表现。

学生掌握知识解决问题的思维过程就是分析、综合、比较、抽象、概括、具体化和系统化的过程。这一过程，就是思维的过程，也是思维的技能。这些最基本的思维技能是学生学习中必须掌握的学习技能。

思维的特点

正如其他心理过程一样，思维活动是以相当大的个别差异为其特征的。人们思维活动中的差异表现在思维的多样性的品质中，其中最重要的是思维独立性、广阔性、深刻性、灵活性和逻辑性。

1. 思维的独立性

思维的独立性是指善于提出问题并且能够找出所需要的答案，而不是请求他人的经常帮助。这并不意味着，有独立思考的人不依靠他人的知识和经验，而是指他们有意识地掌握着和创造性地应用着他人的经验和知识，解决问题时总是力求探索自己解决的途径。

2. 思维的广阔性

思维的广阔性是指在处理问题的过程中，能够随时地抓住问题的广阔范围，进行创造性地思考，但又不忽略与问题有关的一切重要细节。思维的广阔性与人已有的知识经验的丰富与否密切相关。

3. 思维的深刻性

思维的深刻性就是指善于钻研问题，善于揭示事物现象的本质及现象间的内在联系。善于从简单的、普遍的、人们所熟知的现象中看出一切有关自然和社会生活的重要规律来，便是思维的深刻性的表现。

4. 思维的灵活性

思维的灵活性是指根据事物的变化，运用已有的经验，灵活地进行思维，及时地改变原来拟定的方案，而不局限于过时或不妥的假设之中。"削足适履"、"按图索骥"是思维缺乏灵活性的表现，而"因地制宜"、"量体裁衣"则是思维有灵活性的表现。

5. 思维的逻辑性

思维的逻辑性是指善于在思考问题时遵循逻辑规律。具体表现为：提出和回答问题时明确而不含糊。推理时合乎逻辑规律，遵循一定的逻辑顺序，有充分的说服力，结论准确、鲜明。

思维技能培养

思维的技能大致可分为 2 类：基本的思维技能和创造性的思维技能，下

面分别予以介绍。

基本的思维技能

如前所述，分析、综合、比较、抽象、概括、具体化和系统化，既是思维的基本过程，也是思维的基本技能。这里所说的基本技能是从思维过程这一角度着眼而提出的。由于前面已有过简述，下面主要从思维活动所要解决的问题的性质这一角度分类介绍。

1. 形象思维技能

所谓形象思维指的是利用已有的具体形象（表象）来解决问题的思维。它所要解决的问题的性质，是把思想形象化或者建立一个形象体系。作家、艺术家就是经常运用形象思维来塑造典型形象和形象体系的。学生在理解语文、历史、地理、数学、物理、化学、生物等学科的知识时也运用到形象思维，比如写作（也主要是文艺性写作）时，形象思维便占有重要地位。又如函数图像便比函数式更易于记忆，有机化学中用乌龟壳上的方角形表示苯环的结构等。学习过程中形象思维的过程主要是再造想象的过程。通过再造想象，学生头脑中可以出现冰天雪地的北极地理风貌，数学中的圆锥体和物理中的电磁场的立体形象，化学的原子微观结构等。

那么学生应当怎样提高形象思维的技能呢？

（1）学习中一定要对教师和教科书上的语言、符号描绘的意义有正确的理解和正确的把握。这是进行再造想象所必备的条件。

（2）努力增加自己的表象储备，因为记忆中具体形象储备得越多，想象便越具体、丰富。这就要求学生在生活中切实注意观察。同时越来越多的影视片也提供了大量的形象资料，对此应当加以利用。

（3）掌握有效的想象技巧或方法。具体的想象技巧和方法繁多复杂。这里把激发想象的"十问"加以介绍，意在帮助学习一些具体的想象方法。

这"十问"是：

有无其他用途？

从其他方面借鉴什么？

有无可替代者？

再加上些会怎么样？

再减去些会怎么样？

置换之后怎么样？

改变方向怎样？

组合在一起会怎么样？

分开处理会怎么样？

改变形状如何？

2. 抽象思维技能

抽象思维也叫逻辑思维，就是运用概念和理论进行的思维活动。它主要是以概念、判断、推理的形式表现出来的。学生在学习概念、解答问题时，抽象思维占有很重要的位置。

既然抽象思维主要是运用概念来进行判断、推理的思维活动，那么逻辑的作用也就异常突出了。这样，提高抽象思维的能力所应侧重的方面也随之突出。大致讲来，有这样几个方面：

（1）切实注重概念的学习。概念是抽象思维得以进行的前提条件。学习概念时，尤其应当注意概念的准确性，在把握它的内涵和外延上下功夫。

（2）掌握必要的逻辑知识。对一般学生来说，着实无须掌握系统的逻辑知识。但有些逻辑知识还是应该掌握的，比如形式逻辑的基本规律、归纳、演绎等知识。

（3）平时学习中，注意知识的逻辑结构。听课时，注意教师讲解的思路，做题时，关注解题思路和推理等等。这一切都对提高抽象思维能力有积极意义。

创造性思维

所谓创造性思维是在一定的条件和基础上产生的一种具有多种要素和技巧的唯一能够产生创造成果的心理活动。创造性思维，对学生的学习之所以重要，不仅仅因为它事关学生的未来，而且因为它是学好各门功课的根本。下面以创造性思维的技能和思维的训练两方面加以论述。

1. 发散思维的技能

发散思维又称扩散思维、辐射思维或求异思维。它是从各个方面力求新答案的心理活动。科学家提出可以通过种种技巧进行发散思维，常用的发散技巧有：

（1）缺乏发散。即对一事物找出缺点，一一列举，寻求改进方案。

（2）愿望发散。即对某一事物，列举种种愿望、提出种种方案。如若给"愚公移山"的材料，要求确定中心，写篇议论文，这时便可通过思维发散确定立论角度。

（3）求异思考。即采取灵活多变的思维战术从与常规不同的方向来思考，寻求新的解决途径或答案。

2. 组合思维的技能

组合思维，又称综合思维，指的是把分散的诸因素综合起来的思维。综合过去的知识经验，寻求新方法去发现、解决问题的思维便是组合思维。常见的组合思维的方法有：

（1）抓特征下判断，即根据已知材料，抓住事物的特征，下准确的判断。如对"防护林"下定义，可以先从培植方法、培植目的等方面下定义，然后再将这些定义加以综合便得到了准确定义。

（2）用"线索"结构材料。许多文章（如《白杨礼赞》《记一辆纺车》）便是靠一条线索把文章贯穿起来的。

（3）找出众多事物的相同元素，归纳其功能。如找出《冯婉贞》文中含有文言虚词"以"的句子，然后分析"以"的含义和功能，便是一种综合思维。

（4）分割组合，即根据某一准备将材料分开然后加以排列，形成某种结构。门捷列夫便是把氢、氧、铜等元素的特点书写在卡片上，将它们掺合起来，再以原子价为标准重新排列而制成元素周期表的。

3. 集中思维的技能

集中思维又称聚敛思维、辐合思维、求同思维，即从已知的种种信息产生一个结论，从现成众多的材料中寻找一个答案。常见的集中思维的方法有：

（1）图示法。这里图示包括图像、图表、文字示意等。利用图文，通过分析、比较，便可以寻找到一定的答案，或者能使内容简明、思维清晰。

（2）分析法。即先将整体分解为若干部分，然后再鉴别、评价，最后做出正确选择。如求六边形的内角之和时，可根据三角形的内角和是180°的道理，先把它分作四个三角形，它的内角之和就是问题的答案。

（3）比较法。即通过异同鉴别，从而得出结论。

创造性思维能力的提高，有赖于必要的训练。常见的行之有效的训练方法主要有：

（1）多角度寻求正确答案。解决某一问题时，从多角度思考，求得多种正确答案。比如数学中的一题多解。

（2）新角度、新方式表达。阅读过一篇文章后，或者就其中的某一部分从新的角度加以新的表达，或者变换表达方式，如变换文体，在确保表达效果的前提下重新表达。

（3）反向求解。思考问题或者解题"卡壳"时，从相反的思路或者从一般思路的相反方向上思考，来探求解决的方法或答案。

（4）通过综合求解。分析文章后需要归纳时，或对某问题的多种理解需要辨析时，或要把大量的概念、事实概括起来时，或从某些事实中把握其本质规律时，或在分项练习后需要找出规律性认识和方法的时候，可以通过综合求得解决。

（5）选择答案的最优化、多元化。即在多种答案中选择出几个符合要求的正确答案，或者在多种答案中，选择最优答案。

（6）评价性阅读。在认真阅读的前提下，从一个或几个角度评价其内容的是非优劣。

（7）经验迁移。从解决某一问题的过程中总结经验，去解决其他相同或相似的问题。

想象的技能

我国古代大教育家孔子说过："学而不思则罔，思而不学则殆。"学习

离不开思考，而思考在很大程度上包含着想象的成分。列宁在谈到想象时曾深刻地指出："如果一个人完全没有用自己的想象力来给刚刚开始在他手里形成的作品勾画出完美的图景——那我就是真不能设想，有什么刺激力量会驱使人们在艺术、科学和实际生活方面从事广泛而艰苦的工作，并把它坚持到底。"因而掌握想象的方法与技巧，有意识地培养想象力技能，无论对我们当前的学习还是以后的发明创造都有着重要意义。

想象的概念

想象是人将脑中已有的客观事物的形象重新组合形成某种事物的形象的过程。实际上，想象虽然在某种程度上离开了现实，但仍必须以现实为基础，它是客观现实的反映，尽管有时想象得有些荒诞之极。

想象的分类

各种想象过程，按照新颖性、独创性的程度不同，可分为再造想象、创造想象以及幻想等几种形式。

再造想象

我们没有到过月球，用肉眼也看不清月球的表面状况，但根据登上过月球的人报道，根据地球上我们所熟悉的事物，我们头脑中也会产生月球表面的大致形象；我们生活在现代，但当读历史故事时，也会在头脑中呈现古代人物的形象、古代战争的场景。这种根据词的表述或图样、图解的描绘在人脑中产生某种事物的形象的过程叫再造想象。

创造想象

生活中或学习中也常常遇到这样的现象：我们在读一部作品的过程中，有时合上书动脑子想想，却能想出下面所要表述的场面或情节；有时从未听过关于某个事物的描述，也能独立想出该事物的一些情况。这就是创造性想象了。

创造想象是人们按照一定目的、任务，在头脑中独特创造出某一事物

的新形象的过程。如：作家塑造出的典型人物的形象、发明家创造新产品的形象，书法家、画家独自构思出一种新的艺术作品等。

创造想象比再造想象具有更大的独立性，是一种复杂的更富有创造性成分的高级想象活动。创造想象力的培养是学生今后发明创造的基础。

幻　想

幻想是创造想象的一种特殊形式，是人们对未来事物的想象。根据与现实的关系及实现的可能性的大小，幻想又可分为理想和空想。理想是建立在一定的现实基础之上，符合事物发展规律的幻想，是积极的幻想，是学习和工作的巨大动力，只有在积极的幻想中才能使人看到自己还没有取得的成果，才能去克服困难、战胜困难、迎接胜利。积极的幻想是构成创造想象的准备阶段，常常成为科学的先导。

想象技能培养

再造想象技能的培养

从以上叙述不难看出，再造想象有 3 个重要环节：感性知识、生动的描述、对描述的理解与感性知识在大脑中有机地结合。再造想象技能的获得技巧也围绕这几个方面展开。

（1）从对关键词的准确理解、推敲展开想象。

当听到别人叙述一个场面、一个故事，或看到一段描述义字，首先要把想象的基点定在关键词语上，如果是诗就要善于抓"诗眼"。我国古代命题作画，尤其显示出这种想象方法的重要性。如"深山藏古寺"，"深山"、"古寺"对任何画家都易构思的，然而怎样体现出"藏"却不是一般人所能想象出的。深山画得再好，古寺画得再妙，也塑造不出原题所指的形象。优胜者以老和尚在山溪边排水的情景真实地再现了原题的形象，画面上只见深山却没有古寺，可见前后两种想象所引起的效果是多么不同。所以善于把握关键词语从而展开想象不失为成功地进行再造想象的一条有效方法。

（2）积极调动已有表象，提供整体形象的素材。

再造想象是在词语描绘的基础上引发的已有表象的重新组合，其素材是各部分原有的表象。在把握准词语后，就要在头脑中调动、搜集、呈现出有关的表象群，当然这一切都是迅速地进行的。如根据热带的描述，我们脑子就要涌现出炎热而不是温暖的情景，涌现出黑种人而不是其他白种人、黄种人的形象等等。只有将这些局部的表象提供完备，剔除无关部分，才有可能进一步组织成热带的整体形象。

（3）根据描述，将准备好的局部表象群有机地结合成一个统一整体。

如听取某一建筑物的描述，那庄严的石龙柱、别致的顶棚、灰色的墙壁、红色的大门，还有那旧式瓦、褪了色的砖等，仅仅产生这些表象是远远不够的，还要把它们的各种表象有机地结合起来，这就需要思维加工，哪个表象在哪个位置，分别安排妥当，这才会最后形成关于某物的整体表象。

（4）设身处地，进入意境。

把自己置身于描述的情景之中，激发情感，会使想象更加完善、丰富、逼真、生动。如读《桃花源记》，开始即进入意境，仿佛是你自己在"缘小溪而行"，那潺潺的流水会触发你向往的情感，那溪边弯曲的小路会把你带入无限的遐想之中，这时，"忽逢桃花林"，想象的火种就像落入一堆干柴之中，即刻燃起想象的火焰，仿佛那桃花林就在你周围，你自然而然也就"陷入"桃花林之中了。

生活、学习中我们常遇到一些凭想象难以把握的形象，即那些比较抽象的想象。如地球是两极、赤道离地心各多少的一个立体形状在同学们脑中并不是一下就能建立起这种形象来；再如太阳和地球之间的距离是149 500 000千米，凭这个数字单纯想象这个空间距离也是困难的。这时候就要适当运用比喻，将抽象的形象具体化，增强可感性。地球用个鸡蛋替代，想象起来就容易多了；地球和太阳之间的距离也可想象一辆每小时50千米的汽车从地球驶向太阳需走340年，这样也有利于想象的巩固与贮存。

创造想象技能培养

创造想象是发明创造的前奏。可以说，没有创造想象，任何发明创造

都不可思议。

现代教育理论要求学生不但要牢固掌握知识还要注重培养能力，创造能力是一个重要部分，而创造的关键又在于创造想象，因而，我们有必要了解和掌握一些基本的创造想象技能的获得技巧。

目前，世界上已开发出 200 多种创造技法，都离不开创造想象，我们从中选取部分技法介绍如下：

相互启发，自由遐想法

以七八人为一小组，对某一问题充分发表意见，任意、自由地思考，自由奔放地想象，想法越新奇越好；对别人提出的想法严禁批判，不得阻拦，即使是幼稚的、错误的，也不准挖苦与讽刺；要尽量多提设想和方案，特别要善于利用别的想法开拓自己的思路，顺着别人的设想把自己的想法展开、延伸下去，也可从别人设想的反面去想象，如写科幻性作文、进行某项活动、制订计划等等，都可试试。

在初步提出的想象的基础上还可以补充、加工、改造，创造出更新、更丰富的想象。在这个过程中要特别注意不要急于对别人或自己的想法进行理智的判断。席勒对此讲过一段十分精彩的话："当一些设想刚刚产生的时候，你就运用智能仔细的研究，这显然是不妥当的。一个孤立的设想可能是毫无价值的，或是容易使人走上极端。但是，在接踵而来的第二个设想中，我们就能发现它的重要性。将这种设想和其他一些设想进行比较之前，我们的智能还无力对这些设想进行判断。我们应敞开智能的大门，让这些杂乱无章的设想涌进我们的脑海，然后再作总体上的分析和验证。你之所以抱怨自己不出成果，就是因为你过早地排除了你的那些设想。"我们平时写作文，有的同学总觉没有东西可写，就是因为把想象的大门把得太严，许多似乎无关的想象被挡在了门外，其实说不定被挡在门外的这些想象里也有不少可取之处。更重要的是，即使这些第一批想象没有价值，但不能否定由第一批想象引发的第二批、第三批……

求因、联想法

对任何事物的好奇，善于由一事物联想到另一事物，一环紧扣一环，

穷追不舍，是创造想象的另一重要方法。阿基米德在洗澡时发现身体上浮并有水溢出浴盆，产生好奇：为什么上浮？为什么溢水？上浮与溢水有何关系……一连串的求因联想，使他终于想出了浮力与溢出水的关系，得出浮力定律；贝尔在发明电话的过程中发现把音叉的端部放在带铁芯的线圈前面，让音叉振动，线圈中会产生感应电流，通过电线把这电流送到另一只同样的线圈中，这时发现放在另一线圈前面的音叉也会振动并发出与前一音叉一样的声音，由此，他想到：是否可用金属弹簧片代替音叉？进一步他又联想是否可用薄铁片代替金属弹簧片？联想的最终结果使他获得了成功。我们在做化学试验时就可出色地运用求因法，如钠放入水中，会有气体冒出，为什么？放出的气体是什么？钠块为何消失了？最后你会将消失的钠与放出的气联系起来，得出钠的置换反应。以后进行类似的试验，如钾、钙等，预先你便可联想出试验的情景。

抽象、概括法

抽取一般事物所具有的共性，然后进行概括，形成一个新的形象。文艺创作（包括写作文）就要在头脑中塑造形象，这就是想象的过程。鲁迅先生是这样进行的：从许许多多的不同人物，不同的嘴，不同的鼻子，不同的眼睛……抽象具有典型代表意义的成分，重新组合，概括出一个新的形象。特别是个性的塑造更是如此，比如你在写《人》的说明文时，你就要首先对你周围所熟悉的人（家长、兄弟姊妹、亲戚邻居、老师、同学）进行抽象，得出共有的东西"头、四肢、躯干、五官"等，不同的人又有不同的思想、意识，你还要抽出相通的东西——主体意识，经过一系列的抽象，然后作出概括，人的形象自然也在你脑中和笔下创造出来了。

朦胧法

喝过酒的人知道，酒意微醺的时候，容易产生奇妙的想象，这是因为在散漫的心理状态下，容易展开形象思维。睡觉做梦就是最好的证明。当然，学生不应提倡喝酒，但学会做梦还是有意义的。不少科学家善于在睡

意朦胧的状态下思考问题，英国剑桥大学一份关于各类创造性学者工作习惯的调查报告表明，70%的科学家说，他们曾经从一些梦中得到过帮助。世界著名画家达·芬奇专门论述朦胧法发展想象力时说："这法子虽然似乎微不足道，甚至可笑，但都具有刺激灵感作出种种发明的大用处。请观察一堵污渍斑斑的墙面或五光十色的石子。倘若你正想构思一幅风景画，你会发现其中似乎真有不少风景：纵横分布着的山岳、河流、岩石、树木、大平原、山谷、丘陵。你还能见到各种战争，见到人物疾速的动作……"我国古代大书法家王羲之在作"兰亭序"时醉意大发，朦胧中写出了空前绝后的书法艺术珍品，待醒酒后再写，无论如何也达不到"朦胧"中的效果，唐朝诗人李太白"斗酒诗百篇"也说明了"朦胧"的妙用。

掌握想象技能需要不断地探索，要根据个人特点创造性的运用和发展，才能真正获得想象技能。

心理学家证明，在大脑的感受区、贮存区、判断区和想象区4个功能部位中，一般人对想象区只动用了想象力的15%；同时证明，中小学是想象力开发和培养的关键期，所以想象力的锻炼和培养对中学生来说尤为重要。下面将综合性地谈谈培养想象技能的技巧。

1. 培养广泛兴趣，积累知识，敢于想象。

知识上的宽广，思想上的广泛联系，是形成丰富想象的基础。没有知识的肥田沃土，再美丽的想象之花也会枯萎凋零。中小学生不能仅仅满足于课堂学习，还要广泛参加课外、校外活动。那种白天黑夜死啃书本，在题海中拼搏的同学，难免知识面狭窄，知识量贫乏，思维迟缓，联想不丰富，怎能有好的想象力？著名生物学家，进化论创始人达尔文就是从课外对昆虫的兴趣走上成功之路的。

2. 注重现实，注意观察。

想象的材料来源于客观现实，只有对现实认真观察，才能在头脑中留下关于客观事物的形象。感性形象太少，想象就难以丰富，天生瞎子无论如何也想象不出大象的具体形象。怎样增多感性形象呢？除了多读书，从书本间接获取一些事物的形象外，还要在社会实践中开阔视野，多见广识，尽量扩大对自然界和人类社会各种形象的储备；努力在工作、学习中进行

调查研究，弄清客观事物的来龙去脉，各个侧面的状况；参观、游览、欣赏电影电视也不失为扩大形象储备的好方法。

3. 练习比喻、类比和联想。

比喻、类比是想象力的花朵，平时讲述或写作中要有意识地多用些比喻、类比。一般说，善于打比方的同学想象力都活跃，在看或听的过程中也要不断练练猜的能力，多为下一步，下几步想想，养成预测的习惯，有益于想象力的开发与培养。

4. 凡事问个为什么，养成好奇的习惯。

一个人知识越多，想象不一定就越丰富，如果知识学得不活，不会联想，最多也只能再现过去直接感受过的形象，而具备了对事物的好奇心，就可积极地调动、组合已有的表象，推动想象的发展。试想，如果没有对"起火"上天的好奇，也绝不会想象出"火箭"来，没有对苹果下落的好奇，牛顿也不可能发现重力。中学生在学习中，对每一句文学警句，每一个物理、化学现象，每一条几何引线都要首先问个为什么，这是激发想象的源泉，也是推动想象力发展的动力。

5. 善于交换角度，从多方去考虑问题。

现有的东西（如发明、材料、方法、成品等）有无其他用途？保持原状不变能否扩大用途，稍加改变有无别的用途？放大、缩小、省略、调换、替代、倒过来又如何？这是中小学生最易做到的，如：文学作品中去掉某句、某段，艺术效果和中心思想将会如何？对甲的描述套用给乙，乙的描述换给甲，两人形象又会发生什么样的变化？这样变换角度，多方考虑问题，会给你提供想象的广阔天地。

观察的技能

对于任何工作来说观察都是必要的，科学研究、生产劳动、艺术创作、教育实践等都离不开观察。前苏联教育家苏霍姆林斯基在《给教师的建议》中指出，从观察中不仅可以汲取知识，而且知识在观察中可以活跃起来，

知识借助观察而"进入周转",像工具在劳动中得到运用一样。如果说复习是学习之母，那么观察就是思考和识记之父。

观察与观察技能

感觉是人脑对客观事物的个别属性的反映，如对声音、颜色、气味等，而知觉则是人脑对客观事物各个部分和属性的整体反映。知觉和观察的生理基础是由多种感觉器官共同参与的分析综合活动。

观察是一种与思维活动联系在一起的知觉，它除了具有知觉的一般特点外，同时更具探索性，与积极的思维活动密切相联。

观察是认识过程中的一个有机环节，观察活动作为一种反映活动，它自身也有完整的系统性层次性。观察的第一个层次就是感知材料。人们首先使用的是自己的感觉器官，对客观事物的属性和特征以及事物之间的关系进行感知。人们在实践中还创造了各种各样的工具、仪器来作为观察的手段，延伸了人的感觉器官，扩大了人的观察范围，使观察更趋准确。

观察的第二个层次是初步加工。感知材料为大脑进行初步的加工提供了素材，它并不直接构成观察。大脑对感知到的材料进行整理和组织，这就是初步的加工，即运用已经掌握的概念、判断和推理及形象来消化、吸收这些材料，然后在头脑里初步形成一定的知识观念。

观察的第三个层次是语言的概括。感知材料并对其进行初步加工的思维活动始终与语言联系在一起。语言是事物成为思维对象的刺激物。没有语言，人只能停留在形象的反映上。另外，思维是靠语言来表现的。在观察中形成的初步知识观念，需要语言的概括。由于语言的概括作用，才使观察得以实现。

观察技能是人们进行观察活动的一种心智技能，它与求知欲相联系，力求对对象进行深入的认识。观察的根本特点是它的输入性。从外界环境中接纳信息，是对事物深入认识的开端。我们知道，观察是有目的有计划比较持久的知觉，要对客观事物进行感知，就离不开人们的感觉器官，而观察中的目的性和计划性又是意识中的决策观念，所以观察技能不仅是一种感知技能，而且是一种特殊的意识技能和思维技能。

观察技能在人的智力结构中具有重要的地位。在日常生活中，人们常常把聪明程度来指智力水平的高低。聪明就是耳聪目明，视听知觉能力强。在这里实际上指的人们的观察技能。前苏联著名的教育学家赞可夫，对后进生进行了长期的研究，认为后进生的普遍特点是观察技能薄弱，缺乏求知欲，不能正确掌握知识和发展相应的技能。可见，培养观察技能是开发智力资源的一个重要内容。

观察技能培养

科学观察要讲究一定的原则，一般来说，可遵照下列几条进行。

要有明确的目的和周密的计划

在观察之前，必须有明确的目的，要有观察的中心和观察的范围，这样才能把自己的知觉严密地组织起来，并集中于所要观察的事物上。没有明确的目的就谈不上观察。任何优良的观察都是以明确的任务为首要条件的。

观察的计划性和系统性是使观察成功的重要保证。我们只有根据事先所拟定的周密计划，才能有步骤地进行观察而不至于遗漏某些部分和环节。观察的任务越艰巨，观察的对象越复杂，越是需要周密的计划。

必须有必要的预备知识

在观察之前，知识准备越充分，观察的效果就越好；相反，观察前毫无准备，在观察中往往"视而不见，充耳不闻"。比如老师要同学们去观看一场足球赛，然后写一篇记叙文，会踢足球的同学，写得生动活泼、妙趣横生，谁是主力队员，技术发挥得怎样，采用了什么战术等；而一点没有足球知识的女同学，往往无从下笔。同样的道理，我们在上课前，要是预习了功课，上起课来收获就大得多。

培养良好的观察思维习惯

我们已经知道，观察是一种思维着的知觉，良好的思维习惯直接影响

着观察的效果。首先在观察时要摒弃一切先人之见，使自己的思维具有较大的自由度和充分的空间。达尔文说："我一贯力求保持思想不受拘束，这样，一旦某一假说为事实证明错误时，不论我自己对该假说多么偏爱（在每一题目上我都禁不住要形成一个假说），我都放弃它。"其次，尊重事实，大胆质疑，而不是胡乱猜疑，从事实中顺理成章地得出结论，不管是自己的还是权威的见解，只要证明是错的都要敢于否定。再次，要从多方面考虑问题，假象往往掩盖着实质，多方面的思考才能得到正确的答案。

遵循必要的观察程序

我们在电影里常常看到这样的场景：在一望无边的大草原上，出现了一个移动的黑色，随后我们才看到一个人骑着马奔来，接着看清了他的衣着和马的颜色，最后才看清他配带的各种东西，他的面部表情及马的疲劳程度。然后镜头一转，留下一阵飞扬的尘土，他离我们而去，消失在大草原的尽头。我们可以得出这样的印象，这是一个武艺高强而富正义感的侠客。这种拍摄方式是遵循了一定的观察程序的，很容易为人们所接受。

对事物的观察，一般的步骤是：由近到远或由远到近；观察部分与部分之间的联系。

作好观察记录和总结

我们在进行观察时，所使用的技术、仪器、当时的环境条件、所得的数据和发现的新现象，以及我们在当时的感想等，单凭头脑是记不住的，应该及时而准确地记录下来，以便进行深入的研究。

不是所有的观察在结束后都需要写观察总结或观察报告。如果观察是为了验证或否定某种理论或假说，或者在观察中发现了新的事件和现象，就应该把它整理成文字，若有较大的学术价值则可以公开发表。

观察技能主要是一种反映技能，把客观世界的信息有选择地纳入意识范围。观察技能主要是通过后天的学习、训练逐步发展起来的。如果我们积极主动地进行自我训练，观察技能是会得到提高的。

训练的方法很多，下面介绍几种供大家练习时参考。

静止物观察

观察静止的物体是比较容易的，但要很快就能抓住它的主要特征还得下点功夫。我们可以选择一幅画，或一个美丽的景色，进行观察。观察时要注意我们前面提供的观察原则和观察步骤，对观察物的形状、颜色、比例关系等进行描述。

运动物观察

这种观察特别强调一定的预备知识，要求能说明运动、变化发生的原因及特点。比如选择一组运转的机器，一个植物的生长周期等进行观察。

人物观察

对人物进行观察，不但要观察其外表相貌、衣着等特征，而且要进一步深入到他的心理活动方面，思想品德方面。选择一个新近认识的人进行观察。请注意一般不要把观察的结果告诉被观察者本人，以减少不必要的误会，我们要进行社交活动，必须学会观察人。

事件的观察

对于事件的观察，我们可以从小的事件着手，如班里组织的郊游活动或学校的田径运会等。我们必须关心国家大事，注意观察国内国外发生的重大事件。对于这类事件的观察，需要较高的观察力和判断力，因为事件的真相不是显而易见的，它往往给人以假象。所以需要进行综合性的观察。

记忆的技能

在学习过程中，我们每个人都自觉不自觉地形成了某种记忆方式。其中有些是很不科学的；有些虽有科学性，却又非常零碎、不系统。只有了解了记忆的特点和规律，掌握了科学的记忆方法，才能提高学习效率。

记忆的概念

记忆是过去经验在人脑中的反映。它是一个复杂的心理过程，包括识记、保持、再认或回忆 3 个基本环节。

识　记

识记就是识别和记住事物的过程，也就是大脑接受信息的过程。根据识记有无目的性，可以把它分为无意识记和有意识记两种。

无意识记事前没有明确目的，也不需要意志去努力。在生活中那些具有重大意义，适合人的兴趣、需要、活动目的和任务的事物，以及那些能激起人们情绪活动的事物，人们在无意之中就把它们记住了，并且日积月累，获得了大量的信息。但是，由于缺乏目的性，因而识记内容带有偶然性和片断性，缺乏系统性。

有意识记是有明确的识记目的，并运用一定方法的识记，在识记过程中还需要一定的意志努力。学生的学习活动主要依靠有意识记。

保　持

保持就是信息在我们大脑中的储存。大脑就像一个仓库，把我们感知的信息存放在里面。但这种存放却不是一成不变的，由于先后学习的材料在大脑中相互联系、相互作用和我们大脑本身的一些生理机制，识记的材料在保持过程中总会发生不同程度的变化和遗忘。

再认和回忆

经历过的事物再度出现时，能够把它认出来，称为再认。经历过的事物不在面前，能够把它重新回想起来，称为回忆。

根据回忆是否有预定的目的、任务，可以把回忆分为有意回忆和无意回忆。

无意回忆的特点是没有预定目的，自然而然地想起某些经验，例如，一件往事偶上心头，一句乡音勾起乡情等就是属于无意回忆。无意回忆虽

无预定目的，却也是由于某些诱因引发的。

有意回忆是按照一定的目的而进行的回忆。其目的就是要根据当前一定的需要而回忆起特定的记忆内容。回忆可以是直接的，即直接回忆起所需内容；也可以是间接的，即通过某些中间环节（或线索）才回忆起所需内容。间接回忆总和思维活动密切联系在一起，借助于判断、推理才能回忆起所需内容。

记忆的分类

依据不同的标准可以将记忆分成不同的种类。首先根据记忆的内容来分类，我们可以把记忆分为形象记忆、语词逻辑记忆、情绪记忆和运动记忆。

形象记忆

以感知过的事物的具体形象为内容的记忆就叫做形象记忆。除了视觉形象外，还包括听觉、触觉和味觉形象等。

北方的孩子都有过打雪仗的经历吧。那皑皑白雪上串串脚印，那冻红的小手暖和过来时麻胀的感觉，一生都不会忘记，这是视觉和触觉记忆。而记忆中的秋蝉的低吟和黄连之苦则是听觉和味觉记忆。

语词逻辑记忆

以概念、公式、规律等为记忆内容的记忆就是语词逻辑记忆。这种记忆保持的不再是具体的形象，而是意义和本质，并且用词语表现出来。这种记忆具有高度的理解性和逻辑性，是抽象思维的基础。

情绪记忆

以体验过的情绪和情感为记忆内容的记忆，称为情绪记忆。例如，佳节欢聚的愉快，或亲友离别的感伤，都会作为情绪体验而长久地保留在我们记忆之中。

运动记忆

在过去做过的运动和动作为内容的记忆，称为运动记忆。例如，我们在骑车、打球、游泳、跳舞或做化学物理实验时能够记起一套动作程序，都是依靠运动记忆。运动记忆是体育运动和其他一切活动技能形成的基础。

其次，根据记忆储存的时间长短来划分，可以把记忆分为瞬时记忆、短时记忆和长时记忆。

瞬时记忆

当刺激停止时，信息在感觉中保持最多不超过 2 秒钟，叫作瞬时记忆。

在瞬时记忆时，大脑对感觉信息还没有进行心理加工，人们还没有意识到所感知的事物就忘记了。

短时记忆

储存时间最多不超过 1 分钟的记忆为短时记忆。例如，当你打电话时，不知道对方的电话号码，查了一下电话薄，记住了那个电话号码，按数字一个个往下拨，就需要短时记忆。如果你不特别用心记住它，过一会儿忘记了，再打还要再查看。

长时记忆

信息在记忆储存 1 分钟以上直至一生的记忆都叫长时记忆。如果短时记忆被及时充分地复述，就会转入长时记忆。某些较强的刺激，即使不经复述也能直接转入长时记忆。

从理论上讲，短时记忆一经转入长时记忆即使不再复述也能长久保持。尽管有时我们不能再认和回忆，这不是由于记忆丧失，而是由于干扰、冷化、改变或压抑造成的。

记忆技能培养

世界上的事物丰富多彩，具体的记忆方法也不胜枚举。下面介绍几种

记忆技能的获得技巧：

一切记忆的基础在于观念和体验的联想。联想就是由一种经验想起另一种经验。下面就谈谈联想的一些规律及由此而产生的记忆方法。

接近律与记忆方法

在空间或时间上接近的事物，在经验中容易形成联系因而容易由一事物联想到另一事物，这就是接近律。例如一提到家乡的山，就立刻联想到家乡的水、农田、村庄和父老乡亲等，这就是空间接近。至于时间接近又有同时性和连续性两种。比如一提夏天就想到吃西瓜，就是同时性的；由夏天而联想到秋天则是连续性的。

我们学习的材料中有许多都是按照空间或时间线索组织安排的，在记的时候就要理清这些线索，弄清它们空间位置和时间次序；在回忆时就可以顺藤摸瓜、一牵一串。

相似律与记忆方法

由一种经验联想到在性质和形式上与之相似的另一种经验，称为相似律。由李白想到杜甫，由柳絮想到雪花，这就是相似的联想，因为李白和杜甫都是诗人，柳絮和雪花同样的洁白轻盈。

相似律在记忆方法上应用广泛。在记忆单词时，我们可以把同音词、同形词、同义词放在一起记忆。

对比律与记忆方法

由一种经验想到性质上或特点上的与之相反的另一种经验，就是对比律。

在记忆时，我们可以把一些相互对立的事物放在一起记，这样既便于联想，又能一举两得。例如词汇中的反义词，数学中的三角函数与反三角函数，化学中的化合反应与分解反应，历史中的对立派斗争，等等。对此我们都可以利用对比律来记忆。

关系律与记忆方法

由上述 3 种联系以外的其他联系而形成的联想统称为关系联想。例如：部分与整体的关系，如由水果联想到苹果、梨等；因果关系，如由阴云想到下雨，等等。

事物间的联系是多种多样的，反映事物种种联系的关系联想也是多种多样的，并且一件事物总是和许多事物联系着，因而能引起的联想也很多。

了解了这一规律，在识记过程中就要尽量多形成联想，并且搞清楚每一种联系是按什么关系确立的，还要经常复现这种联系以使其得到巩固。这样在回忆时就可以按这些联系来进行联想，并且当一种联系不能奏效时，还可以从另一种联系联想起所需内容。

组块分类记忆

把一定的记忆材料分成适当的组块或类别的方法都叫做组块分类记忆法。组块分类法有两种情况，一种是意义材料的分组分类，一种是无意义材料的分组分类。

1. 意义材料的分组分类

意义材料这里是指材料本身具有一定的内在规律。在识记的时候通过分析找出其内在联系，然后分成一定的组或类，记忆的效率就会大大提高。

一组 17 位数字：71421283542495663，你如果不加罗嗦地反复背读，要用不少时间才能记住；但是你若从 7 以后两个一组划分，你就会发现它们是按顺序排列的 7 的倍数，一下就能记住了。再比如给你如下一些词：面包、编辑、松鼠、汤姆、油条、狮子、王芳、小猫、海伦、护士、粽子，如何才能快速记住它们呢？如果你仔细分析一下，就会发现它们可以分为四类——食物、职业、动物和人名，而且每类恰好由 3 个词组成，这样一来记住它们不是很容易吗？

2. 无意义材料分组分类

对于那些没有内部规律的零散材料，我们就不好运用正常的分组分类法了。

分类时注意组块划分不能过大，最好不要超过 7 个单位。比如地理三字经和历史三字经，就是运用三字一组法编写，简明易记。再如记忆化学元素周期表的前 20 位元素名称时，可采用 5 个一组的分组法。氢氦锂铍硼，碳氮氧氟氖，钠镁铝硅磷，硫氯氩钾钙。其中"氖"和"钙"正好押韵，这种方法也叫口诀法，我们自己也可编。编的时候，有时为了工整、押韵，自己可以填上几个辅助字词，或换上个别谐音字，只要不造成误解就行了。

简约记忆法

简约法是把事物的特征概括化的记忆方法。它既简单明了，又突出特征，使记忆变得简洁。此法常和形象化方法结合运用，常见的方法有：

1. 轮廓法

比如，我们把欧洲地图看成平行四边形，把南美和北美都看作直角三角形，就是用几何图形来简约地表示其轮廓。把中国看成桑叶形，把意大利看成皮鞋形，就是形象地表示其轮廓的方法，记忆人的脸形时，也常用轮廓法。

2. 骨干简约法

这种方法抓住了形体的骨干来记忆。由于骨干比外形简单得多，因而记忆较容易。比如把黑海形状简约成字母"F"，把越南简约成数字"3"，就是用此法。

3. 字头法

这是一种用字头来代替整个词的方法。世界著名记忆专家哈利·罗莱因先生在记忆美国 5 大湖的名称时就用了字头法。新闻记者采访时的 5 要素时间（When）、地点（Where）、人物（Who）、事件（What）和原因（Why），按字头简约成"5W"，记起来就简单了。

4. 提纲和关键词法

文章是由段落组成的。每段中常有一个句子（常常是首句或尾句）概括了整段的意思，或引发了整段的描述。由这些句子组成的文章网络，就是提纲。有了提纲就对文章整体结构有所理解，因而有助于记忆。记忆提纲和写作提纲编写过程正好相反，写作是先纲后文，而记忆是据文编纲。

段落又是由句子组成的，每个句子中常有一个或几个关键词，找出这

些关键词，并组成关键词链，然后记牢此链，在回忆时就可由此链推想，填补其缺，而记起整个句子。

克服干扰法

按照心理学的干扰理论，遗忘是因为我们在学习和回忆之间受到其他刺激的干扰之故。一旦排除了这些干扰，记忆就能恢复。干扰理论有两个最显著的证据，即倒摄抑制和前摄抑制。倒摄抑制是指后学习的材料对回忆先学的材料的干扰。前摄抑制是指先学习的材料对后学习的材料的干扰。比如学习一篇课文，总是开头和结尾部分易于记住，而中间部分则容易遗忘。这是因为开头部分只受倒摄抑制的影响，结尾部分只受前摄抑制的影响，而中间部分则受两种抑制的影响。

倒摄抑制受前后两种学习材料的性质和难度、学习时间的安排、学习巩固程度等条件的制约。一般地说，相似程度大的干扰大，难度大的干扰大，回忆之前学新材料干扰大，巩固程度低的干扰大。这些特点都应引起我们的注意，在识记过程和回忆过程中尽量克服这些因素的干扰。

过度学习的方法

所谓过度学习，就是在刚刚记住的基础上，再反复识记几遍，以便进一步巩固。

过度也要适度。少了巩固不住，多了浪费时间。究竟多少才为合适呢？根据心理学家的试验，如果以刚能记住为 100%，那么合适的过度就是 150%，也就是说要多一半。如果你刚刚记住一段短文用了 20 分钟，这 20 分钟就相当 100%，你还需要再用 10 分钟来巩固。这 20 分钟加上 10 分钟即 30 分钟就是 150%，如果你只学 20 分钟就停止学习，则容易遗忘。而超过了 30 分钟又有些多余。适当的过度对记忆十分必要。

综合识记的方法

对于一定数量的材料，有整体识记、部分识记和综合识记 3 种方法。沙尔达柯夫在一次实验中让受试者用 3 种方法识记一首诗篇。整体识记平均用

了 8 分钟，部分识记用了 16 分钟，综合识记用了 6 分钟。20 天后再现时，整体识记平均需要提示的次数是 4 次，部分识记高达 7 次，而综合识记只需提示 1.5 次。由此可见，综合识记效果最好，其次是整体识记，部分识记效果最差。

这是因为部分识记一开始就把富有意义联系的材料分割若干部分，这就妨碍了对识记材料的整体理解，并造成衔接困难，次序颠倒，从而降低了识记效果。整体识记是在对材料整体把握的基础的记忆，意义联系好，线索完整，因而效果比部分识记好。但因一次识记太多，有一定困难，综合识记在整体理解的基础上进行部分识记，再整体综合，集二者优点于一身，因而效果最佳。

多种感觉并用法

多种感觉并用法是利用多种感觉器官共同记忆的方法。根据专家的研究，记忆 80% 靠眼睛，11% 靠听觉，3% ~ 4% 靠触觉和嗅觉，剩下的靠其他感觉。多种感觉并用，就会使记忆材料的多种属性和原有的经验建立多种联系，使我们对事物有综合的理解，识记和回忆都比单一联系通路多。盲人摸象之所以成为大笑话，就是他们只凭触觉形成的局部印象来判断，因而是片面的。

沙尔达柯夫做了一个试验，分别让 3 组学生用下列 3 种方法识记十张画片：只看，只听（解说），听看结合。其结果是，只看的识记效果是 70%，只听的效果是 60%，听看结合的效果是 86.3%。由此可见多种感觉协同记忆的重要。我们在记外语单词时若把看、听、读、写结合起来，就可大大提高识记效果。

辅助工具法

除了大脑的记忆之外，我们还可以利用一些辅助工具来帮助我们记忆。常用的辅助工具有：

1. 备忘录

我们一天或一周的工作学习安排，或出门要做的事项，都可以把它们

写在备忘录或便条上，每天工作的开始和结束前都看一看，要做哪些事，做了哪些事，忘了哪些事。它可以弥补我们记忆的差错和遗漏。

2. 剪贴

有些报纸上的消息，对我们有价值，我们可以把它剪贴起来，以备以后查阅。

3. 卡片

借阅别人的书刊，遇到有用的资料，既不能划杠、打圈、写批注，也不能剪贴，我们就要利用文摘卡片来做摘录，并且过一段时间就分门别类地整理一下，对我们日后著书立说时引用资料很有帮助。

4. 做笔记

做笔记就是把我们听到的讲授，以及我们自己对学习材料的理解和编写的提纲等记录下来，既可以加深我们对材料的理解和印象，也可以作为资料而保存。

5. 利用电子工具

对记忆帮助最大的电子工具是复印机、录音机、录像机和电子计算机。

它们可以帮助我们存储大量音像及文字信息，是现代化的记忆手段。在当今信息进代，我们一定要学会利用这些工具，提高我们的记忆效率。

自学的技能

自学是学生对社会的发展应付自如的保证。在当代，人类科学技术迅速发展，知识总量激增，新兴科学技术及其应用越来越多，如电子计算机等先进技术已开始应用于学校学习和家庭生活，学生必然会遇到许多新的事物和新的知识，而学校教育内容的更新往往赶不上科学技术与知识的发展速度。许多知识学生在学校里学不到，并且每个人在学校里学习的时间总是很短的。所以在学校里和社会生活中学生会面临许多未知的知识。如何应付这种变化？有效的方法就是自学。学生通过广泛的自学活动，从不知到知，从不会到会，从而能自如地面对社会生活的变化和发展，使自己

成为学习的智者、生活的强者、社会的主人。

自学的概念

一般来说，中学生学习科学文化知识，培养训练技能技巧有 2 种方式：一种是课堂学习，就是学生在课堂上听老师，并在老师指导下进行作业和练习。这种学习形式是在班集体内许多同学共同进行的；另一种是课外学习，就是学生自发地独立地进行学习，这种课外学习的形式就是自学。

自学是一种良好的有效的学习形式。著名科学家钱三强说："任何时期总是在工作中学习为主，因此自学是一生中最好的学习技能。"学生通过自觉的课前预习，课后复习，往往能提高课堂学习的效果和整个学习效率。良好的自学还能使自己知识丰富、视野开阔。如果学生能够结合自己的特长进行自学活动，还可以在自学过程中促进发展自己的特殊才能，如音乐才能、绘画才能、公关才能等，以补偿学校学习的不足。

自学是学生独立地自发地按自己的计划、目的和速度去获取知识，培养能力的学习活动。

自学的范围很广。例如：中学生在课外记外文单词、独立地搞发明、做练习题以及阅读范文等都是自学。自学还不仅限于对数、理、化、语文、外语等学校开设课程的学习，其他如学生的社会实践活动、看报、看电影、看录像片等都可以看作是自学活动。

自学技能培养

自学技能就是指人有效地进行自学的技能。一个人自学的速度快、效果好，那么他的自学技能就强。反之，他的自学技能就较差。

培养明确的自学动机

动机是人们需要的表现，是直接推动人进行活动的内部力量。学习动机则是直接推动一个人进行学习的内部力量。自学动机也就是直接推动一个人进行自学活动的内部力量，它是人们强烈的自学需要的动态表现。

自学动机对人的自学活动会产生决定性的作用。心理学家认为，一个

人的学习成绩，主要受两方面因素的影响——智力和动机。用公式表示就是：学习成绩＝智力×动机。所以说，自学动机直接决定着自学活动的成绩与效果。

自学动机决定着自学活动的 3 个方面：

1. 引发自学活动

任何自学活动都是当你的自学动机强烈到一定程度时被引发起来的。

2. 决定自学活动的方向

明确的学习动机能够不断地指引自学活动沿着一定方向进行，使人的活动的各个方面都指向于这个方向。如一个人想自学写作，那么他会把自己的各种学习活动都指向学习写作这个方向。

3. 自学动机还调节着自学的范围和广度

如自学动机强烈，自学的范围就广，学习强度就大；反之自学的范围就窄，学习强度也小。

所以培养自学技能，首先必须培养自己明确的自学动机，做到积极、自觉、明确地进行自学活动。

动机与人的需要紧密联系。有什么样的需要便会产生什么样的动机。学生必须首先明确自己真正的需要是什么，才能进一步培养自己明确的学习动机。明确自己的需要以后，便要促使自己产生在学习或其他竞争中取胜的愿望，强烈的取胜愿望是形成自学动机的基础。

锻炼持久的自学毅力

自学是一种艰苦持久的学习活动，每一个自学成才的人都是经过艰苦漫长的努力之后才成功的。马克思说："在科学上没有平坦的大道可走，只有沿着崎岖的山路攀登的人，才有希望到达光辉的顶点。"自学必须能够持之以恒，一曝十寒则不会取得好的效果。马克思在艰苦的环境里天天坚持到大英博物馆读书，以至在地板上留下两个深深的脚印，终于写出了《资本论》。坚强的毅力是马克思成功的保证。

我国古代哲学家孟子说："天将降大任于斯人也，必先劳其筋骨，饿其体肤。"中小学生要成为栋梁之材也必须首先锻炼自己坚强的意志。

确定准确的自学目标

人生要有目标，做工要有目标，自学也要有目标。自学的目标就是自学要达到的目的或程度。

自学的目标是有层次的。自学要有总体目标——反映自学的总方向和目的。如要自学英语达到四级水平，这就像一个总的目标。总目标之下是自学的阶段目标——反映自学的不同阶段要达到的目的，如自学英语，什么时候过单词关？什么时候过语法关？什么时候过听力关？什么时候过口语关等，都可以制定相应的阶段目标。阶段目标又包括自学的具体目标——反映具体读什么书，具体解决什么问题等等。

制定详细的自学计划

确定自学目标以后，便要制定自学的实施计划。自学计划一般包括 2 个部分：一是自学的内容，二是自学的进度。

自学的内容是由自学的总目标所决定的。在确立自学内容时最好是根据自己所学的课程和自己的特长爱好，如在课外自学英语，或为充分发挥自己的特长和满足自己的爱好自学绘画、音乐等。在当前，有条件的学生最好把学会操纵计算机作为自己主要的一项自学内容。

确定自学内容后便要制定自学的进度——在自己所能利用的自学时间里合理安排已经确定的自学内容。自学的时间有长有短，如寒暑假是较长的自学时间，课前、课后、饭前、饭后及入睡前则是较短的自学时间，这时就要精打细算，合理安排。

制定自学计划需要遵循的一个关键指导原则是循序渐进。俄国生理学家巴甫洛夫说："我一谈到卓有成效的科学工作所应具备的这个最重要的条件，心情就不能不激动。循序渐进，循序渐进，再循序渐进。你们一开始工作起，就要在知识积累方面养成严格的循序渐进的习惯。"学生在制定和实施自学计划时也要努力做到循序渐进，先易后难，先慢后快，由浅入深，切不可操之过急，想一口吃个胖子。自学就像建高楼一样，需要一砖一石地垒起来。

及时检验自学的质量

自学有一定的周期性和阶段性，每当一个周期或阶段结束时，自学者必须对自己的自学效果进行一番检验。巩固前面自学的成果，为下一步的自学活动打下良好的基础。

自学者的学习周期一般包括 4 个环节，即"学习——作业——检查——复习"。学习就是自学新的内容；作业是依据新学的内容进行练习，这是自学内容的一个重要环节；检查是检验自学的结果；复习即是根据检查的结果进行补充学习。

养成良好的自学习惯

习惯是完成动作的需要，自学习惯就是必须进行自学的需要。

养成自学的习惯就是一个人把自学作为像吃饭、穿衣、洗漱等活动一样每天必须完成的一种活动。如果不进行自学，就会浑身不自在，就像不吃饭、不洗漱那样不舒服。著名教育家叶圣陶先生说："凡是好的态度和方法，都要使它化为习惯。只有熟练地成了习惯，好的态度才能随时随地表现，好的方法才能随时随地应用，好像出于本能，一辈子受用不尽。"

自学中的读书方法

读书是一种十分重要的自学形式。一般来说，一个人自学的效率高、效果好，那么就证明他的自学能力强。而善于读书是提高自学效率的重要保证。所以在自学活动中，熟练运用读书的方法对于培养自学能力具有重要意义。

自学中的读书方法有很多种，以读书的程度、理解的深浅为标准划分，可分为泛读和精读；以读书的方式为标准划分，有朗读、默读和抄读、跳读；以读书的速度为标准划分，可分为速读和慢读。

1. 泛读

泛读就是对所要自学的书籍或文章只进行大体的浏览和粗略的通读，一般不进行全面深入的研究和理解。

2. 精读

精读就是对所学的书籍材料进行全面、细致、深入地通读研究和理解的一种读书方式，一般与填写读书卡片、写读书心得和读书笔记结合进行。精读的优点是对所学的知识材料印象鲜明、理解深刻、了解全面，并对学习的知识能熟练运用，举一反三。精读一般应在泛读的基础上进行。这种方式比较适用于阅读与自己的学习或自学目标密切相关的材料。在精读中，要反复琢磨，逐字逐句进行阅读，直到能全部理解和把握文章的基本精神。

精读过程中，一般应特别注意每段文字的第一句话和最末一句话，它们往往是这段文字的概括和总结。

3. 朗读

朗读是学习者利用发音器官的强烈运动，把阅读的材料用较大的声音表现出来的一种阅读形式，也就是阅读者以大声的读出声的方式阅读报刊书籍。

朗读的优点是阅读者能随时收到自己声音的反馈信息，以强化阅读的结果，同时训练自己的发音和语调。语文、英语等学科的课文及相应的阅读材料适宜用朗读的方法。

4. 默读

默读是不发声地进行阅读，但伴随有阅读者的内部语言活动。默读的优点是在集体学习的环境里，能够避免学习者之间的相互干扰。所以这种方式特别适用于课堂自学和复式教学之中。

5. 抄读

抄读又称为笔读，就是边读边把所读内容全部或有选择地抄写一遍。抄读的优点是使阅读者对所读材料记忆准确、理解深刻；其不足是阅读速度太慢，所以仅适用于阅读少量的关键性材料。

6. 跳读

跳读是指在阅读过程中，根据阅读者的需要选择某一部分内容来读，其他内容则跳过去不读。跳读的优点是使阅读者能根据需要取其所需，从而能以较少的时间达到自己的目的。

7. 速读

速读指快速进行的阅读。一般讲的"一目十行"就是指速读。速读的

特点是阅读速度快，因为速读不是以单个的字词为视读单位，而是以句子甚至段落为视读单位。因此，速读能在很短的时间里，迅速理解和掌握成段文字的基本内容。熟练进行速读的关键是提高自己的阅读速度。

如何提高自己的阅读速度呢？

（1）要丰富自己的词汇量。

在阅读中遇到不理解、不认识的生词、生字是快速进行阅读的一大障碍。所以，必须尽量丰富自己的词汇量，以消灭快速阅读中的"拦路虎"。

（2）注意训练自己不发声阅读的能力。

发声阅读每分钟能读出 125 个单词，而不发声阅读眼睛每分钟则能扫描 250～400 个单词，甚至更多。所以应不断训练，提高自己的默读能力。

（3）阅读中要努力做到使眼睛"抓住"最关键的词句或关键的自然段。

句中的关键词就是主语、谓语等中心词。自然段中的关键句子往往在段首或段尾，在阅读中抓住这些关键点，便能提高阅读的速度。

（4）日常学习中要坚持练习快速阅读。

练习的周期是 2 个星期，坚持练习快速阅读 2 个星期以后，你的快速阅读能力就会明显增强。如果能够坚持长期练习，就会发现你的快速阅读能力跃上了一个新台阶。

善于使用工具书

自学活动都是自己独立进行的，没有教师的指导，学生在自学中遇到许多问题要依靠工具书才能解决。所以在自学活动中，要善于学会使用工具书。

工具书是根据人们的特定需要，以特定方式编排的，为人们迅速提供某种知识或文献线索的特定类型的文献。

工具书有以下一些类型：字典、词典、百科全书、索引、年鉴、手册、名录、地图、地名词典、书目、文摘。

在自学中使用最多的是字典、词典、指导手册、地图和文摘等。

自学中使用工具书应注意：首先要善于选择恰当的工具书；其次要做到熟练地使用——翻阅和检索工具书；第三要做适当的笔记。

操作的技能

只动脑不动手和只动手不动脑一样都是个体人的片面发展，只有手脑并用，既动手又动脑才有可能实现人的全面发展。这里所谓的动手指的便是动作操作。在学习过程中，掌握操作的方法和掌握用脑的方法同样具有重要意义。

操作技能概述

操作技能的概念及其种类

操作一般可分为智力操作和动作操作。我们这里所讲的操作主要是指动作操作，又称操作技能。它是由一系列外部动作所构成，并通过练习而形成和巩固起来的一种合乎法则的随意行为方式。比如写字、唱歌、跳舞、跑步、打字、驾驶、体操等等。人们在后天的社会化过程中，会形成多种多样的操作技能，但基本上可以归纳为2类：一类操作技能的动作是要操纵一定的器具、工具或机械，如生产劳动时操纵各种生产工具，书法作画时使用各种文具等；一类是操作技能的动作不操纵任何东西，仅仅表现为机体的一系列骨骼肌肉的运动，如跳舞、游泳、体操等等。

操作技能的特点及其意义

作为动作技能的操作有如下特点：

操作技能的根本特点就在于这类技能是由一系列的外部动作构成的，是通过练习形成和巩固起来的一种合乎法则的随意行为方式。如同学们做广播体操，每一套、每一节都是外显的动作，它和智力技能的内隐性操作有明显的区别。同时操作技能还必须是合乎法则的，如驾驶员驾驶汽车时，启动、行驶、加速、减速、转弯、停车等等都有一套严格的规律，违背了操作规则就会造成不良的后果。

操作技能是一种随意行为方式，与本能不同，它不是与生俱来的，而是个体在一定的生理前提的基础上，通过后天学习而形成、巩固和发展起来的。操作技能作为一种随意行为方式，它的发生及形成，是受意识支配和制约的，并且服从于一定的目的和任务。操作技能在不断的练习中，可以获得高度的熟练而达到自动化。达到高度熟练水平的操作，可以不需要高度意识控制即可实现。但是当执行过程中出现了新的障碍时，意识的控制便会立即表现出来。

操作技能对个体的学习、工作和生活都有十分重要的作用。

（1）掌握操作技能有利于知识的理解。技能的形成以对知识的领会为前提，但技能的掌握反过来则可以检验对知识的理解正确与否，从而加深对知识的理解。例如学习建筑知识是建筑工人必需的职业训练，反过来建筑工人在建筑过程中，又检验并加深着对建筑知识的理解。从这一意义上来说，技能形成也是抽象知识具体化的过程。

（2）掌握操作技能是进行学习的必需手段，也是从事社会生活的必要前提。读、写、算等基本技能是学生学习的必备条件，交谈、劳动、自我服务性操作等都是人类社会生活所必需的。

（3）掌握操作技能有利于学生智力发展。脑支配四肢和躯干，四肢和躯干的运动也会影响大脑的发展。手脑并用是实现人的全面发展的一个重要前提。

操作技能培养

操作技能的培养掌握有特殊的过程和条件，它是通过行为方式的定向，经模仿和练习而达到熟练的。

动作的认知和定向

动作的认知和定向是指学生对所学的操作过程和动作方式有初步的认识和了解，在头脑中形成动作的印象，了解"做什么"和"怎么做"。

动作定向是形成技能的一个重要环节，是先导和前提。前苏联著名心理学家奥甫琴尼科娃曾做过一项实验，任务是让儿童闭起眼睛用手沿着迷

宫小路推动玩具汽车前进。被试者分为实验组和控制组，实验组实验进行前先用手指摸索迷宫途径，借助触觉来熟悉整个迷宫，另一组则预先没有进行任何定向训练。实验结果表明，经过定向训练的实验组儿童动作技能的形成速度比没有受过定向训练的控制组儿童快得多。

动作定向的意义在于，学习者在学习操作时主要是依靠听觉、视觉等来接受信息，从而把操作的各种要点以表象的形式贮存于大脑之中，成为调动和控制操作方式的依据。因此，学习者在学习操作之前，先了解"做什么"和"怎样做"，这是获得操作技能所必不可少的一个环节。

学生对操作的定向，是在观察、示范和聆听讲解的基础上进行的。学习者为了保证对操作的有效定向，应该注意以下几点：

1. 学会观察

在操作定向的过程中，学习者大部分操作表象是在观察的基础上获得的，因此良好的观察方法是操作定向的重要前提。

学习操作技能，观察操作熟练者的动作方式，首先要集中注意力，带着"获得正确的初步印象"的目的，全面感知，认真领会。其次要明确整套动作的顺序、序列，先做什么，后做什么，以及各个动作之间的衔接都要做到心中有数。再次，要注意动作的难点和重点。对于重点动作要在头脑中反复琢磨，务必弄懂。只有这样才能预先形成清晰、准确的操作表象。

2. 掌握操作原理

操作的定向包括对操作原理、原则或法则等一系列操作知识的掌握。有关研究表明，关于动作的一般原理的掌握，对操作技能的形成有着十分重要的意义。前苏联心理学家米斯丘克的研究表明，掌握了刀架操作原则的学生，其刀架操作技能形成较好，在劳动过程中发生的错误较少，所需练习次数较少。而没有掌握刀架操作原则的学生，其刀架操作技能形成较慢，在劳动过程中发生的错误较多。再如一个初学写字的小学生要学会写字的技能，必须理解关于笔画和笔顺的知识，并且知道握笔和运笔的方法，否则其写字技能的形成是困难的。

技能的形成是以对相应的或有关的知识的理解为基础的。不懂弹琴规

则的人成不了一个出色的钢琴演奏家。因此，掌握操作原理是掌握操作技能的又一重要前提。

3. 模仿的练习

对基本原理的掌握，只是学会操作的必要条件，对有关知识的理解并不等于技能的形成。有一个故事很能说明问题。从前有一个人学习游泳，他看了许多有关游泳的书籍，也观察过不少人的游泳表演，自觉对游泳的知识掌握较好，就是没有下过水。但他以为他会游泳了。一天他满怀信心地跳入水中，谁知事情远非他所想象得那么简单。他在水中一面挣扎，一面下沉，幸亏他的同伴及时发现将他救了上来。由此看来，只会纸上谈兵不行，操作技能要通过模仿和练习才能最终形成。模仿和练习是技能形成的基本途径。

技能迁移

学习的迁移包括知识的迁移和技能的迁移两个方面。迁移又有正迁移（促进和加强）和负迁移（干扰和破坏）之分。下面主要讨论操作技能的迁移问题。

已有的操作技能对于新的操作技能发生积极作用——加快其形成，这便叫做操作技能的迁移，而且是正迁移。

技能的迁移现象是我们常见的事实。如钢笔字写得漂亮的同学进行毛笔字的练习比一般同学一定省力得多；会开拖拉机的人，学开汽车也不是很难的事。由此可见，迁移在学习中占有重要位置。

为了促进操作技能的迁移，我们应当明确操作技能有效迁移的条件：

迁移部分地取决于已学的东西和将要学的东西之间存在的相同要素，取决于对象之间有无共同点。会骑自行车的人学骑摩托车之所以比较容易，是因为这两种技术间有诸如平衡、调向等许多共同的东西。实验表明，两种操作之间共同要素越多，迁移效果越大；共同要素越少，迁移效果越小。因此我们在学习一个新的操作时，应当注意把将要学习的操作和已学会的操作做一些比较，从中找出共同的地方，促进迁移的实现。但是，客体之间存在共同要素，如果不被主体认识到，那么迁移也很难发生。因此在操

作技能的训练中，我们要努力培养观察共同要素的方向和兴趣。

学习者的智力水平、知识状况、已有经验的概括化水平、学习者的态度、学习者分析及综合的能力等都对操作技能的迁移产生巨大的影响。对这些因素，我们在掌握操作技能的过程中也应当给予充分的重视。

技能的干扰

操作技能的干扰是指原有的操作技能对新的操作技能产生妨碍作用。技能间的这种干扰是大家公认的事实。但这种现象，相对地讲，比较少，所以没有引起大家的足够重视。

打篮球和踢足球两种运动技能在实际操作中就很可能有互相干扰的情景。打篮球主要用手，技能形成后便习惯于用手活动。踢足球应该用脚（守卫员除外），技能形成后主要用脚活动。所以一个训练有素的篮球运动员在踢足球时难免会因"动手"而犯规，而一个出色的足球运动员在打篮球时又往往会因为"脚不老实"而被罚。因此，我们在实际操作中应注意避免操作技能的相互干扰。

技能的迁移和干扰都不是绝对的。有时两种技能既相互迁移又相互干扰，比如打乒乓球和打羽毛球，就存在着既促进又干扰的情况。因此，我们对任何情况都应当作具体的分析，择其善而从之，明其弊而避之。

笔记的技能

俗语云："好记性不如烂笔头。"要清楚完整地保存学过的知识，不仅需要良好的记忆，还要进行一些使知识得以长久保留的工作。一般说来，我们的方法是诉诸于文字，用文字把知识记载下来，当然，还可以用录音或录像等现代化手段。人们听课、听报告和读书所作的记录便称作笔记。前面我们讲的记忆的方法是用脑来记的方法，这里将要讲的是用笔来记的方法。

听课笔记技能培养

笔记信息材料的来源主要有 2 条通道：视觉通道和听觉通道。读书是通

过视觉而获得信息。听课和听报告主要是通过听觉而获得信息。当然，听课的时候，讲课人也板书一些信息材料，甚至讲课人的身势、表情都是信息来源，但这是附属于听觉的。听课笔记主要是通过听觉通道获得信息而做的笔记；读书笔记则是在阅读过程中主要通过视觉通道获得信息而做的笔记。

听课笔记技能的一般技巧：

1. 做好听课笔记，必须首先协调听课过程

听课人的思想进程必须与讲课人的思想进程保持一致。因为讲课的进程是听课人所不能控制的，听课人必须服从讲课人的思想进程。听课人唯一可以控制的是自己的思想进程，即协调自己的思想进程，讲课人怎样思想，听课人就怎样思想。要跟上讲课人的思路。讲课人讲课的速度也是听课人不可控制的。所以讲课人想到哪里，听课人就想到哪里。必须抛开与听课无关的杂念，思想不能溜号。还有必须抓住讲课人的观点、立场，学会站在讲课人的立场上思考。

总而言之，听课做笔记要使自己服从讲课人，记下讲课人讲的东西。

2. 听课时记录的内容

听课时，记录要尽量全面。讲课人讲授的内容一般是由概念与命题联系和组织起来的知识体系。因此，笔记要记下每一概念和命题，同时要记下命题间的联系，即把各概念、命题的逻辑推演过程记下来。

在保证笔记内容全面的情况下，要特别注意以下几个方面的内容：

重点：每章每节中占重要地位的内容。

难点：听课或平常不易弄懂的内容。记录下来准备继续学习以便弄懂。

疑点：听课或读书中遇到的值得怀疑的观点，值得质疑的地方，以便搞清楚。

新观点：以前没有接触的东西。

3. 听课笔记的具体做法

用自己的话记。这样做，可以省去讲课人讲的内容中一些不重要的、说明性的信息，同时可以训练自己浓缩信息的能力，而且用自己的话记录的东西便于记忆。要杜绝每字必记的习惯，因为那样做就是把笔记当作听

写，事无巨细，每闻必录。注意关键词和线索性词句。关键词是指在讲课内容中具有重要地位的词语，所以可以作为记忆的引发器。线索性语句是讲课人用来提示即将出现的重要信息的语句，例如："下面这几方面非常重要"，"三项主要结果是"，"考试时要考的主要问题是"，等等。听到这样的语句，听课人要注意讲课人即将讲的内容。

读书笔记技能培养

提要式笔记

看完一本书或一篇文章，对其中的内容进行分析，从而提炼出重要的论点、论据，用自己的话，把内容简单明了地写出来。这样的笔记叫做提要式笔记。

写出良好的提要不是一件简单的事情。首先，它需要通篇全读，理顺逻辑关系，写出提要。写提要的过程，既是对原文的消化过程，也是对原文的研究过程。可见，写提要可以训练一个人的综合和概括能力。

提要应力求简明扼要，脉络分明。最好以某一逻辑线索展开，或者使用列表法，使其一目了然。

摘要式笔记

读书时，将书中的重要的观点、材料、内容简明扼要地摘录下来，这样的笔记叫做摘要笔记。它与摘录笔记有相同之处，就是都需要摘抄；也有相异之处，摘要法突出一个"要"字，它要求用凝炼的语言记录读书的内容。摘要法比提要法相对来说更完整，保持了原文的结构和逻辑框架。

做摘要笔记要注意几点：不能疏漏任何重要的观点；不能增添新观点；要删除作者的一般性叙述和评论；保留原文的思想立场和观点；要用自己的话。

做摘要笔记要避免一个常见的毛病，就是直接地把书上的句子抄下来，而不考虑这些句子之间的关系。把没有关系的句子，简单地排列在一起，这样的笔记不能叫摘要笔记，只能是对原文的支离破碎地摘录。

其他读书笔记方法：

1. 抄书法

把所读书的全部或者一部分大段地抄录下来。它费时较多，效果较小，一般不宜采用。

2. 摘录法

同抄书法十分接近，但又不同于抄书法。其区别在于，抄书法抄得多，摘录法只抄少部分。摘录法是在读书过程中发现某一段文字，表达了精湛的思想，有独到的见解，或者文字优美、感染力强，便把它抄录下来，这样做，便于抓住文章的精华。

摘录的内容，与各人的专业兴趣有关：如果主修文科，便于摘录有关的学习材料、重要文章、警句格言、词语典故等；如果学习理工科，就得摘录有关的专业文献、重要的结论与证明、独特的技巧，等等。

3. 批注法

读书时将自己的感想、评语或者闪现的思想灵感写在书页旁边或者书眉上，有助于加深对书的理解，也有助于研究问题。

4. 心得法

记下对某一问题读书时的感想、认识与对某一问题受启发而想起的新观点。这种心得又称读后感。读后感要在"感"字上做文章，有感而发。

5. 卡片笔记法

卡片笔记有很多优点，它便于分门别类，逐渐积累；用到某种知识时，便于查找。

劳动技能提高

劳动与劳动技能

劳动技能是一种劳动能力，它包括很多方面，对学生而言，大致可分为自我服务劳动技能、家务劳动技能、公益劳动技能和简单的生产劳动技能4大类。现分述如下。

自我服务劳动技能

自我服务劳动技能是人人必须具备的技能，尽管各民族、各地区人们的生活习惯有所差异，但卫生习惯、生活自理、学习自理，还应当是共同的。

自我服务劳动技能包括洗手、洗脸、刷牙、洗脚、剪指甲、洗头、梳头、洗澡、洗手帕、洗袜子、穿脱衣服、系鞋带、铺床、叠被、洗小件衣物、洗碗筷、洗茶杯、钉纽扣、缝补衣物、晒被褥、洗外衣、叠放衣服、削铅笔、裁纸、订本子、包书皮、修钢笔、修圆珠笔、修补图书和整理学习用品等。这类劳动项目重在养成学生自己动手的良好习惯，从而认识劳动光荣，为从事其他各类劳动打下基础。

家务劳动技能

家务劳动与自我服务劳动在不少项目上是交叉的。在家庭这个小的组

合中，每个人既要为自己服务，又要为这个小集体服务。所以，家务劳动也包含着自我服务的因素。反过来讲，每个人做好自我服务，家务劳动也就基本完成了，二者相辅相成。可以说家务劳动是扩大范围的自我服务劳动。如：房间整理、厨房的设置与卫生、洗刷灶具与餐具、择菜、洗菜、买菜、淘米、使用炉具、烧开水、做简单的饭菜等。尽管全国各地的生活习惯有所不同，但这些项目还是必备的。例如，由于城乡的差别和家庭经济状况的不同，房间的设置水平是不相同的，但是美观、大方、整洁的要求应当是一致的。

随着各种电器进入家庭，使用和维护家用电器，已成为每个人必须具备的常识，这给家务增添了新的内容。如收音机、电风扇、电视机、收录机、电熨斗、洗衣机、电冰箱等。从农村来讲，随着农村经济的发展，家用电器也已经陆续进入每个家庭。高年级的学生应当掌握一些家用电器的使用和维护的常识。

这类劳动重在适应家庭生活的需要，培养学生独立生活的能力，为以后从事更复杂的社会劳动打下了基础。

公益劳动技能

公益劳动是直接服务于社会公益事业的无偿劳动，是对学生进行共产主义教育的有力手段。公益劳动与服务性劳动、生产劳动是相互交叉的，一个是从有无报酬命名的，一个是从劳动性质命名的。如修补图书，为个人修补图书的就属于自我服务劳动，无偿为学校图书馆修补图书就属于公益劳动。学生公益劳动的内容，如擦黑板、扫地、擦玻璃、抹桌椅、开关门窗、绿化校园、美化环境、为烈军属和五保户做好事、到车站等公共场所服务、管理街道和学校栽植的树木花草、帮助农民夏收、采集树种、参加校办工厂及农场的劳动等。公益劳动重在向学生进行集体主义和共产主义教育，通过这类劳动，培养学生热爱人民、热爱集体、爱护公物、助人为乐等优良品质，它有其他劳动所难以取代的特殊意义。

简单的生产劳动

简单的生产劳动，主要包括对部分生产工具的认识和使用以及工艺制

作方面的内容、农业种植和饲养以及最基本的工业生产方面的内容。

一部分工业方面的项目，如认识常用的木工、金工、电工工具，懂得这些工具的用途和维护方法，会使用这些工具维修课桌椅，修理和制作小玩具、简易的教具等。

工艺制作属于生产劳动的范畴，从造型艺术的角度，又属于美术课的内容。在劳动课上可以利用美术课学过的知识，进行如折纸、剪纸、泥塑、缝纫、纺织或利用废旧材料制作简单的工艺品等。从事这方面的劳动，能够培养勇于实践、勇于创新的精神，把美术、自然等学科获得的知识，应用到劳动过程中，从小培养热爱劳动、热爱科学、手脑并用，发展智力和能力。这方面的内容，既适应于城市，又适应于农村。

农业方面如认识当地的粮食作物、经济作物、瓜果蔬菜、食用菌、果树、花卉、药用植物、常用的农机具、家禽、家畜和观赏动物等，使学生初步学会种植、浇水、施肥、除虫、喂食和进行简单的管理等。

自我服务与家务劳动技能培养

处理个人卫生

一个人的卫生习惯如何，不仅是一个人的文明标志之一，而且对于维系人的生命也是至关重要的。个人卫生，主要应从个人的肌肤卫生做起，如洗手、洗脚、洗脸、洗头、洗澡，也包括剪指甲、刷牙等。

手接触外界最频繁，表皮上经常附有细菌和灰尘。不洗手拿起东西来吃，就会把细菌送进肚子里，使人生病。所以手是要常常洗的，应坚持做到饭前、便后或拿过脏物之后，都要洗手。每天晚上睡觉前用温水洗一次脚，可以促进血液循环，休息得更好。

脸是露在外面的，洗脸，不能仅限于面庞，要连同脖子一起洗干净。洗脸最好使用香皂，这种皂的水分少，变形慢，温水、冷水溶解速度一样，起泡力好。先用清水把要洗部位的皮肤润湿，然后把香皂打在手上，反复

搓洗润湿部位，最后用清水冲洗，用湿毛巾或干毛巾揩干。

经常洗头，除去头上的污垢，可以增进健康。人的头发从物理性质来看，可分为钢发（较粗、较硬、富有弹性）、绵发（较细、较软、弹性不足）、油发（油脂较多、易沾污秽）、沙发（缺乏油脂、易干燥蓬松）、鬈毛（毛杆鬈曲，称为鬈头发）。洗头的周期，最好从实际出发，既要根据头发的物理性质，又要根据个人所处的环境。通常以每月 2～4 次为宜。洗头时，水不要太热；冲洗头发用的水温，要保持与洗头时一致，以防感冒；也不可用碱性太强的肥皂，以免损伤头皮。

剪指甲是卫生的需要，也是美观的需要。指甲留多长才算合适呢？一般说，要求指甲比皮肤长出一线就可以了。修指甲，首先要观察个人的手形，然后再决定下剪。尖的手指两角要少剪，圆的手指两角要多剪，扁的手指应剪成圆式。从右边下剪，将指甲和指头分开捏紧，特别是指角处，以免剪伤皮肤。剪完后，要用细挫来回磨，直至指甲光滑、不毛、成型为止。

刷牙，是搞好口腔卫生的重要条件。一个人要养成饭后漱口和早晚刷牙的好习惯。

洗澡，不但能清洁皮肤，还可以加速血液循环，促进生长发育。要搞好个人卫生，必须坚持经常洗澡。洗澡，分盆浴和淋浴等多种。不管用哪种方式，周身都应洗到。洗澡用温水较为适宜。洗澡周期可根据本人的皮肤性质、家庭条件、气温情况和工作性质确定。夏季，气温较高、出汗较多，可以天天洗；其他季节从实际出发，冬季最低一个月不少于一次。

整理和布置房间

一个布局合理、使用方便，既美观又舒适的室内环境，能给人以美的享受，有利于工作、学习、生活和休息。房内家具是主要陈设物和使用物，因此，合理陈设家具是整理和布置房间的重要环节。

整理和布置房间，首先应当考虑家具使用上的方便性、舒适性、完整性和安全性，其次还应注意造型艺术。由于家具的形体有方有圆、有线有面，为了使房间内气氛和谐、明朗，而不显得死板单调，摆设时要求做到

高低相接、大小相配、明暗相衬，以及运用家具挺拔的直线和流畅的曲线等方法，使人们看上去，家具在室内所占的面积小，有一定的活动余地，有较高的使用效率。在立体上，通过家具的相互配合，给人以视觉上、感情上的艺术美感受。总之，要从实际出发，根据工作、生活和休息的需要，进行合理布局。

用洗涤剂洗涤织物

常用的洗涤剂有肥皂和洗衣粉 2 种。

肥皂一般有普通皂、透明皂和皂片。普通皂碱性较大，适用于洗涤棉、麻织物；透明皂碱性小、溶解度大、泡沫丰富，适用于洗涤丝、毛及合成纤维织物；皂片碱性弱、溶解度高，适用于洗涤丝织物、毛织品及化学纤维制品。

洗衣粉是粉状或颗粒状洗涤剂。其特点是耐硬水、应用广、用量省。洗衣粉中起主要作用的成分是表面活性物。我国合成洗衣粉按其活性物含量可分为 30 型、25 型、20 型和低泡型 4 种型号。目前市场上的洗衣粉，一般不标型号，大致有普通洗衣粉、低泡洗衣粉、增白洗衣粉、加酶洗衣粉之分。使用时，应针对洗涤不同织物，参照使用说明选用。

一般用一平汤匙的普通洗衣粉可洗单衣一件。用量多少，要视织物污垢多少酌情掌握。在揉洗时，如果泡沫消失，衣物尚未洗净时，不宜在污水中再加洗衣粉，应另配粉液，再洗一次。这样，既节省洗衣粉，又可洗得干净。揉洗后，要用清水漂洗 2~3 次，织物即可洗净。

洗涤织物，不宜用含有矿物质较多的硬水。因为在硬水中洗涤织物会影响去垢，并使织物纤维变硬，白色变黄。如用硬水，最好先做软化处理，即在硬水中加少量纯碱。

使用肥皂洗涤织物时，先将织物放在温水中浸泡一段时间，将织物上的尘土和污垢除去一些，然后涂擦肥皂，稍有泡沫即可。如衣服着污较多的衣领、袖口等处，可多用些肥皂。如果用皂液泡织物，浸泡时间一般在半小时左右，不宜过长，以防皂液碱性损害织物的纤维。

只用洗涤剂浸泡织物是洗不干净的。因为洗涤剂并不是那么容易就会

渗透到污垢与织物纤维之间的。必须借助外力，使用有关工具，才能使污垢脱离。下面着重介绍手洗织物方法：

搓　洗

双手用力将织物互相摩擦，或将织物放在搓板上用双手来回揉搓。采用这种方法，如果使用肥皂，将织物用水浸泡后，涂上肥皂，然后搓洗，在污垢较多的地方多搓洗几次；如果使用洗衣粉，先把织物浸入洗涤液中，然后搓洗。搓洗后，将织物用清水漂洗干净。这种方法比较费时、费力、损耗织物，但洗涤效果好，一般用于洗涤小件衣物。

刷　洗

将织物浸泡后，把它放在平坦的木板上用刷子刷洗。刷洗时要顺着织物的纹路用力，以免损坏织物。

揉　洗

用双手不断地揉或挤压织物，去除织物上的污垢。合成纤维（绵纶、涤沦、腈纶、维纶、氯纶、丙纶、氨纶）织物，由于在高温下会收缩、变形或软化，所以洗涤这种织物一定要掌握好水温。一般来说，洗液温度以微温为宜，也可用冷水溶液洗涤。洗涤时要用揉洗的方法，切不可用搓板、硬板刷，或用木棒敲打。洗好后不能用力紧绞，最好将水慢慢沥干，然后再进行晾晒。麻织物，因麻纤维刚硬，洗时也应当轻洗轻揉，以免起毛。揉洗的方法，虽对织物损伤小，但洗涤效果较差。

干　洗

用清水稀释干洗精，用毛刷沾湿，甩干后在织物上刷洗。丝绸的很多品种不宜水洗，只宜干洗，如立绒、绣花缎、乔其绒等。洗涤呢绒衣服经常采用干洗的方法，有些高级呢绒还须用汽油和石油精干洗，而不用水。刷洗之后，要立即用拧干的湿毛巾把泡沫吸走，晾晒后即可穿用。

使用洗衣机的方法

洗衣机是一种清洁器具，用于洗涤各种棉、毛、化纤衣物（如衣服、床单、蚊帐和手帕）等。用洗衣机代替手工洗涤衣物，既省时省力，又可节约用水和洗涤剂，而且洗涤的衣物均匀柔软、磨损较小。

洗衣机按其结构和工作方式，可分为滚筒式、波轮式、搅拌式、喷流式、喷射式和振动式几种。目前家用的洗衣机多为波轮式洗衣机。

波轮式洗衣机又叫涡卷式洗衣机。这种洗衣机有普及型、双桶半自动型和全自动型 3 种。

普及型波轮式洗衣机结构最简单，它除了波轮是由电动机带动外，其余全靠手工操作。双桶半自动型波轮式洗衣机的洗衣、离心甩干（脱水）两桶各自独立工作。有的设计有排水泵。它的结构一般是，一边为洗衣机构，另一边为离心甩干机构。全自动型波轮式洗衣机是一种比较先进的洗衣机，它设计完善，外型美观，结构复杂，有些机种还装有电脑控制装置。它的部件大都采用高级塑料和不锈钢制成，并具有良好的减震装置，洗衣时，震动和噪音小。此外，这种洗衣机把洗涤桶和离心甩干桶合为一桶，并与接水桶重叠放在一起，实现全盘自动化，并节省占地面积。

使用普通波轮式洗衣机时打开洗衣机的盖子，放进需要洗涤的衣物。然后用软管接到自来水龙头上。按洗衣量灌入足够的水和适量的洗涤剂，拨动定时旋钮，选定洗衣时间，然后接通电源，直到定时器自动断开电源为止。检查洗衣桶内的衣物是否达到洗净的要求。若达不到，再重复以上工作。洗涤工作完成后，放下排水软管，让污水排净，再放入清水漂洗衣物。此时，要重新拨动定时旋钮，选定新的工作时间，然后又打开电动机，直到定时器断开电源，电动机停转，再放下排水软管，让桶内的水全部排出。洗衣程序全部结束后，切断电源，取出水桶内的衣物，拧干晾晒。要注意在洗衣时，一定要等到水桶内的水达到一定容量后，才能开动电动机。一次放的衣物也不能过多，以免电动机发生过载现象。

双桶半自动型洗衣机的操作步骤与普通型洗衣机大致相同。不同之处是，当洗衣过程结束后，衣物要由人工取出放入离心甩干桶。注意放入甩

干桶的衣物一定要尽量平整，放入后要关上甩干桶的盖门，然后把离心甩干桶的定时器拨到所需的时间，让它旋转直至预调时间止。

使用这种型式的洗衣机洗涤大量衣物时，洗涤完第一批衣物后，不必排掉用过的肥皂水，可以放进第二批衣物再继续使用，注意再加入少量洗涤剂。

全自动型洗衣机在洗涤过程中，不能关掉水龙头，否则洗衣机不会自动完成运转程序。放进洗衣桶的衣物要适量，不能过多或过少。过多，洗衣桶运转不灵，衣物洗得不均匀；过少，则洗衣机的波轮又往往会激起水花四溅，一般一次洗涤的衣物不能少于 0.5 千克。

洗衣桶转动时，不要投放衣物。在甩干衣物过程中，若洗衣桶自动停转，这是衣物偏在一侧所致。此时，必须断开电源，打开机盖，把衣物调平，然后重新关好机盖，开动电机，洗衣桶会再次运转。必须盖好机盖后再运转，不然衣物甩不干。

使用洗衣机注意事项。性能良好的洗衣机，一般不容易发生故障，但使用不当，会直接影响工作性能和寿命。使用洗衣机时，务必接好地线，以免因漏电引起触电事故。洗衣机不得与火炉等过热器具接触，以防止波轮和塑料部件变形或损坏。使用一段时间后，因地面不坚固或机脚调整不好等原因，洗衣机会发生倾斜，这时，必须把它调平或放置到平稳的地方。尤其是当洗衣桶、波轮等转动部件在运转时，不要用手触摸它们，更不能把手伸进去。

使用电熨斗的方法

电熨斗一般有调温电熨斗和普通电熨斗 2 种。使用电熨斗，特别要注意安全，如使用不当，或达不到熨烫目的，或烫坏衣物，引起火灾。因为电熨斗通电后，会产生热量。经有关方面测试，不同型号的电熨斗，其表面温度分别可达 520℃、600℃、620℃，这样的高温已超过木材、纸张、棉布等物质的燃点；切断电源以后，在一定时间内仍有较高的余热。因此，在使用时，操作人员不要轻易离开，隔热的垫板或基座周围应远离可燃物。搁放在垫板上的时间不宜过长，如暂时停止使用要切断电源。用完后，待

冷却到安全温度时，再放入工具箱。

调温电熨斗内部装有恒温器，可以自动控制底板温度。当熨斗底板达到预定的温度，恒温器便切断电流，使温度不再上升；当底板温度下降，恒温器又接通电路，重新使底板加热升温。这种电熨斗可以根据所熨衣物的种类来选择温度。尼龙、化纤织物熨烫需要低温（60℃～100℃），棉、麻、粗布等需要高温（190℃～230℃）。使用时，无须拔离电源便可自动控温。调节温度的方法，是将调温旋钮拧到适当的位置，通常是向顺时针方向拧，温度就升高；向逆时针方向拧，温度就下降。电熨斗上大都装有指示灯，指示灯亮时显示通电升温。当底板达到调温旋钮所指温度时，熨斗内的恒温器自动切断电路，指示灯熄灭。如熨烫暂停，应将电熨斗竖起搁置，切勿平放在桌子上或衣物上，以免引起火灾。

普通电熨斗没有调温装置，温度比较难掌握。通常可以用手蘸点冷水，滴在熨斗底面上，从水滴的变化和声音上加以判断。如果水滴发出"嗞嗞"的声音，并扩散形成较小的水泡，那么熨斗的温度约在80℃～120℃；如果水滴发出"扑嗞"的声音，出现滚动的微细水珠向四周扩散，那么熨斗的温度约在140℃～160℃之间；如果水滴滴到熨斗底板上，发出"扑扑"的声音，并立即蒸发掉，说明熨斗的温度已经达到180℃～210℃。操作者可根据所烫衣物的种类和上述温度的估计，进行熨烫。安全要求，与调温电熨斗相同。

电熨斗在熨烫时，应经常在衣物上移动，但不要无规则地推来推去，否则不但达不到熨烫效果，还会弄乱衣服的经纬纹丝。不拿熨斗的那一只手，要随着熨斗的走向、顺势，对衣服的某些部位作拉伸或归拢等辅助性整理。

使用煤气灶的方法

煤气是一种无形、无色、无味、有毒的气体。人的肉眼看不到，但有一种类似汽油、油漆、滴滴涕的特殊臭味，是煤气公司加进的，作为漏气警号。

煤气的有毒物质是一氧化碳。室内空气中含有1‰的一氧化碳，人在室内逗留1小时左右就有头痛、恶心、呕吐、四肢无力等中毒现象；室内空气

中含有 1% 的一氧化碳，人在室内逗留 2~3 分钟即可失去知觉，并可能中毒死亡。室内空气中的煤气含量达 5%~50% 时，火种引入室内就会发生煤气爆炸或燃烧；含量超过 50% 时，遇到火种就会因煤气爆炸引起火灾。

煤气的使用，分煤气罐和煤气管道 2 种。煤气罐有 2 个开关，一个是在煤气进口处控制气源的总开关，一个是煤气灶上控制火焰的调节开关。使用时，先打开总开关，再一手打开灶上的开关点燃，要避免空放煤气。停用时，先关闭总开关，再关闭灶上的开关。管道煤气的使用方法与煤气罐相同。在装有煤气表、煤气管的厨房里，不能睡人，以免煤气表、煤气管万一损坏漏气，发生中毒。使用时要经常有人在场，以便注意燃烧情况，调节火焰；如无人照看，汤水容易溢出熄灭火焰，或者小火被风吹灭冒出煤气，造成煤气中毒，甚至发生爆炸。停止使用时或临睡前，应检查开关是否已关闭，最好关掉煤气表上的总开关。低温季节，锅或水壶外部容易凝成汽水，内圈的火焰易被凝成的汽水滴灭，可将煤气灶上的三只脚翻起一只，其他两只保持平行，锅或水壶放上后形成斜坡，凝成的气水就会顺着斜坡流入空间，可避免滴灭火焰。煤气表附近不能堆放废纸、塑料制品、汽油、干柴、竹篮等易燃物品，以防引起火灾。如遇煤气设备损坏而漏气时，人切勿在室内逗留，并严禁各种火种入内，也不要开关电灯，如室内闻到煤气味，应立即打开门窗，并检查煤气灶开关是否关闭；如已关闭，可能是管子或煤气表漏气，应即关闭总开关，并请人检修。

制作普通饭菜

制作普通饭菜，应是现代学生具备的技能，现介绍几种。

做馒头

馒头是面粉经发酵后制成的一种主食品。发酵方法有酵母发酵和面肥发酵 2 种。第一次做馒头，可以到商店去买成袋的干酵母或成块的鲜酵母，按照说明书的要求，配成与面粉适当的比例做成馒头。直接用酵母做馒头，虽然效果好，但成本较高，使用不便。在家庭里通常多用面肥（又称老面）发酵，每次做馒头只需留一块面团，放于盛面粉的容器中保存，下次要用

时，加温水浸泡和入面粉发酵，这样循环往复，使用方便。面肥用量，一般掌握 1 千克面肥，加 20 千克干面粉和 10 千克左右的水，拌和均匀之后，放入温暖清洁的地方发酵。发酵时间夏季 4~5 小时，冬季 6~8 小时，看面团胀起蓬松后，就算发酵完毕。先闻一下面团有无酸味，然后再酌量加碱。用碱数量，主要看发酵程度，一般掌握夏季多些，冬季少些；酸味大多些，酸味小少些。用碱适宜的面团，色不黄，味不酸，到手不脆、不韧，越揉越白。用碱之后做成馒头，装入笼中，加急火、大火，约半小时就成为熟馒头。

做米饭

米饭的制作比较简单，是人们喜欢吃的一种主食品。制作方法有焖米饭和蒸米饭 2 种。不管用哪种形式，都需要先把大米淘洗干净。淘米用冷水适宜，因为大米表皮层含有大量维生素和其他营养成分，所以淘米时，不要用热水冲洗，也不要用手搓米，以免营养成分随水流失。焖米饭，要先把锅里的水烧开，然后把淘好的大米撒向开水中，水面大约高出米的表面 2 厘米，把锅盖好、封严，锅底下立即封火。如属添加燃料的锅，应改换燃料，文火焖。如属自燃炉，可把火放弱，锅底外再加一铁片，以免糊锅底，约半小时，米饭便可焖熟。蒸米饭，要把淘好的米分装在饭盒或碗里，大约每 500 克大米，加水 1000 克。如有的米吃水量大或要蒸出较软的米饭时，加水可多些；如有的米吃水量小或要蒸出硬些的米饭时，加水可少些。蒸米饭，一般在水开半小时后即可蒸熟。用饭盒蒸米饭，能使米中营养不受损失，火候和水量也较容易掌握。

做面条

面条是人们比较喜欢的一种方便食品。南方、北方，老人、小孩都能吃得来。面条有干、湿 2 种。煮干面条，不要用旺火，当水烧至八九成开时，放入干面条，直到烧开锅或煮开时加点冷水。用旺火煮干面条，水太热，面条表面会形成黏膜，使水分不能向里浸透，热量也无法向内部传导，面条的表皮黏、有硬心。煮湿面条，应用旺火。当锅水滚开时，将面条轻

轻放入，用筷子搅动，以免粘在一起。待锅水再滚开时，捞出来就可以了。

做　菜

广义的菜，其原料包括蔬菜及豆制品、肉类及肉制品、家禽及蛋品、水产、野味、干货、海味和瓜果等。做菜就是能用所备的原料以及成品、半成品，制作成菜肴。做普通菜，也要学会选料，如熟悉各种蔬菜的生长季节，掌握同一原料中的不同品种的特点，了解猪、牛、羊、鸡、鸭等各种肉类的不同部位的用途，善于鉴别各种原料的质量；会宰杀家禽和处理鱼、虾、蟹及洗涤家畜、禽类的内脏；掌握基本的刀工，如切段、块、片、丝、丁等能粗细一致、厚薄均匀、互不拖连；会配菜，能用一种原料加调味品制成菜，还能用一种主料、一种或多种辅料与调味品制成菜；会调味，如加热前用盐、酱油、酒、糖等调味品调味，加热中将几种调味品一起调拌，根据不同时间、火候下锅，加热后将胡椒、芥末、葱、麻油等加入；会看火候，如掌握旺火、温火、微火；会烹调，如炸、溜、烹、爆、炒、煎、贴、熬、烩、焖、烧、扒、涮、煮、汆、炖、煨、焐、蒸、卤、酱、薰、烤、拌、炝、腌、拔丝、蜜汁、挂霜。如能粗通上述技术，略施小技，便不难做出下饭用的普通热菜和凉菜；至于做到菜肴的色、香、味、形俱全，还必须有较多的实践。

厨房布置与卫生

厨房有大有小，设备水平也不一样，具体布置要因地制宜，总的应掌握"方便、整洁、美观"的原则。

现以 4 平方米左右的小厨房为例，布置时，要充分利用空间。在墙壁的上部和中部，多做几只大小、厚薄不等的挂柜或搁板，放置各种烧饭烹饪用的器皿和餐具。例如，在锅灶上方的墙壁上装一只挂柜，柜的一端为小橱，放置常用碗盘、筷子、瓶罐缸盆；下沿装一排小钩，悬挂锅铲、漏勺等，取用非常方便。汤盆、菜盘叠放一摞，取用很不方便，可在挂柜内做一横格，一只一只地按尺寸大小顺序插放，以便按需取用。柜口装一根横木挡住，底板略向里倾斜，盆盘就不会滚出来。特大的菜盘、汤盆，可

竖贴在小柜里部，底板上钉一两根木条，贴放的盆盘就不致倾倒。在锅灶上方墙壁的一侧，安装折合挂柜，柜身略厚，可放较大的瓶，柜盖略薄，可放较小的调味品瓶。这种折合挂柜，既便于收藏，又便于取用。在另一侧墙壁上安装一只碗厨。橱门为向下翻转的形式，关闭是橱门；翻下来，两侧用铁折角固定，或将下面的小橱门启开，成为一张小桌面，作为活动餐桌。其他用具，如面板、菜墩等，都可采用折迭形式，支起来可用做临时放置台，折起来少占空间。面积较大的厨房，烧饭烹饪用的器皿可有次序地挂在墙壁上，餐具可用立橱放置，面案、菜墩都可以固定，并加做上盖。

厨房布置是搞好厨房卫生的基础，厨房要经常保持整洁，用过的炊具、餐具要及时洗刷干净，必要时用热水煮沸消毒，放还原处。

餐具要及时洗刷干净，必要时用热水煮沸消毒，放还原处。菜板要备两块，做到生熟分开。尤其是肉食品，不能用切过生肉的菜板再切熟肉。特别是夏季生肉菜板是细菌的孳生地，切过生肉再切熟肉，熟肉易被细菌感染，人吃了带菌的熟肉很容易得病。无条件设两块菜板的，一定要将切过生肉的刀、板一齐用开水消毒后，再切熟肉。或者先切直接食用的熟肉，再切生肉。切过之后，再把菜板刷净，以备下次再用。

电冰箱的使用

电冰箱种类繁多，有单门、双门、多门之分，工作容积也不等。电冰箱冷冻室可达到的最低温度，在国际上有统一的规定，称为电冰箱的星级。电冰箱星级的含义不同，其中四星级的电冰箱有速冻的功能。

电冰箱的冷冻室温度的正常值在 0℃ 以下，冷藏室温度的正常值在 0℃ 以上。整个冰箱内部的温度随着与蒸发器的位置不同而不同。

由于电冰箱体内不同位置的温度不同，不同食品最适宜的冷藏温度也不同，故不同食品在冰箱内放置的位置也应不同。

温度控制器用以调节电冰箱内的制冷温度，其结构随电冰箱的不同而略有差异，但作用是相同的。大多数温度控制器旋钮盘上标有 0、1、2、3、4 等数字或"冷"、"停"等字样。上述数字只作调温时的对比参考，

并不代表冰箱内的实际温度，但数字越小、温度越高；数字越大，温度越低。

温度控制器的旋钮调至较小的数字，电冰箱的压缩机工作时间少，间隔时间长；调至较大的数字，压缩机工作时间多，间隔时间短。频繁地启动压缩机，将导致压缩机升温过高，易受损伤。一般初次使用电冰箱时，应先将温度控制器的旋钮调至数字 1，待电冰箱工作一段时间后（约 1 小时），再将旋钮调向中间数字，约 2 小时后，电冰箱内的温度已趋于稳定。

单门电冰箱和一般的双门电冰箱只有一只温度控制器，冷冻室和冷藏室的温度只能同时升高或降低。调节温度时，应以冷藏室的温度为标准，调到 1℃~8℃ 最为适宜。若以冷冻室的温度为标准，容易造成冷藏室结冰。正常情况，冷藏室的温度不应低于 0℃。

双门双温电冰箱有两只温度控制器，可以分别控制两室温度，使用方便。

电冰箱工作一段时间后需要除霜。按除霜方式，电冰箱分为手动除霜、半自动除霜和全自动除霜 3 类。

半自动除霜的电冰箱，它的温度控制器中心处装有除霜按钮。当蒸发器上的霜层厚度大于 4~6 毫米时，应及时除霜。除霜时，按下除霜按钮，压缩机电源被切断，当蒸发器的温度回升到 6℃ 左右，除霜按钮会自动弹起并接通压缩机的电源，使冰箱恢复正常工作状态。

手工除霜的电冰箱除霜时，将温度控制调向"0"或"停"，待蒸发器上的霜自行融化完毕，再将温度控制器调回工作位置，或是用除霜铲铲除。手动除霜的电冰箱成本低，但使用不方便。

电冰箱应安放平稳且与地面保持垂直状态。如地面不平，可用箱体下部的水平调节螺丝调节，安放在干燥、通风的位置，避免阳光直射，切勿靠近热源。背部冷凝器与墙壁的距离要大于 10 厘米，两个侧面也要留出至少 5 厘米的空间，顶部不可放置杂物，以利散热。

开关箱门时，动作要轻，尽量缩短开门时间和减少开门的次数，既可避免降低磁性门的磁性或损坏胶门封，又节约用电。

电冰箱要定时清洗，最好每月一次。若停用电冰箱，必须进行彻底清洗。清洗时应先断开电源，用软布蘸温水或中性洗涤液擦拭箱体内外表面，用毛刷刷掉冷凝器和压缩机上的尘土，不要用水冲刷。

社会劳动技能培养

简易木工工具的使用、维修和保养

做木工活经常使用的工具，大致可分为量具（含划线工具）和操作工具两类。

常用的量具和划线工具有：

折尺、卷尺，上面有清晰的刻度，是量长度用的。做木工活时要随身携带。

直角尺，是由相互垂直的尺杆及尺座组成，校正为 90°。主要用于测量加工件相邻是否垂直，木面是否平直，并使用其在加工件上划横线、垂直线。

活动角度尺，是由尺座、活动尺杆及螺丝组成。主要用于测量加工件两相邻面的角度或划角度线。使用时，先将螺帽放松，在量器上调好所需要的角度后，按紧螺帽，即可将活动角度尺移到加工件上进行划线测量。

墨斗，是由硬质木块拼制成槽状，前半部是墨池，后半部是线轮，墨池内有带墨汁的丝绵，线轮上绕有墨线，墨线一端穿过墨池，线头挂一定针。绷线时，先将定线固定在木料的一端，左手握住墨斗的中部，右手拿墨斗笔，紧压在墨池内的丝绵上，墨线通过墨池沾上了墨汁，再用右手拇指与食指将黑线提起，即可绷清晰的线条。

圆规，主要用于等分线段，或者画圆、画弧等。

常用的木工操作工具有锯、刨、凿、斧、锛、锤等。

锯，根据用途和方向不同，可有架锯和板锯之分。架锯是由锯条、锯

拐、锯梁、锯钮和张紧绳等组成，有大小、粗细之别，是比较常用的。使用时，把木料放在操作台上，用脚踩住木料，右手握锯，左手拇指按左墨线边上，锯齿紧挨拇指，锯割上线后，再协助右手拉锯或固牢木料，以防锯割木料摇动。架锯使用一段时间后，操作感到吃力，发生夹锯或向一方偏弯，说明出了毛病，要进行维修。锯的维修主要是锉锯条，用三角锉将锯齿锉磨得更锋利一些。锯用完后，要放松张紧绳，把锯钮柱恢复原位，长久不用可在锯条上涂些防锈剂，以免锯条生锈。

凿，一般分为平凿、扁凿、圆凿、斜凿等，都是由凿身、凿柄、凿箍组成。凿榫眼时，将划好榫眼线的加工件平放，底面垫一薄板，左手握凿，右手执斧，把凿刃放在眼线内边，用斧对准凿柄顶端，击一下凿顶，就要摇动一下凿子。用完后，随时磨好，涂上黄油保存。

斧，有单刃和双刃之分，它的使用是平砍和立砍。不管平砍还是立砍，都要在木料底部垫上木板或木块；斧刃千万不能碰在石头或金属上，以免损坏。

锛，是砍削工具。使用时，将木料两头垫起，用钉固定在垫木上，两手紧握锛柄，按照墨线的要求顺木纹砍削。

锤，木工用锤主要是羊角锤，多用于拔取木料中的钉子，所以又叫拔钉锤。

简易金工工具的使用、维修和保养

做金工活通常使用的工具，大致有手工工具、机具、划线用具（含量具，及卡夹用具等）。其代表性的工具有：手锤、锉刀、錾子、手锯、手剪、手钳、螺丝刀、拔手、托铁、铳子、线痕錾、方木锤（打白铁皮用）、砂轮机、手电钻、手砂轮、平板、方杠和圆杠、铁钻、拐针、虎钳、卡兰等。现介绍有代表性的几种。

手　锤

比较常用的手锤的锤头，用碳钢制成，锤头有圆有方，重量有大有小，2000克以上的为大锤。使用大锤时，右手在前，左手在后，两手紧握锤柄；

使用小锤，只用右手握锤柄，柄的尾部露出 15 ~ 30 毫米。使用前检查锤头是否装牢，如有不牢现象，最好加楔子将锤头与锤柄楔牢；手锤用完后，要擦拭干净，妥善保管，防止锤头锈蚀、锤柄摔裂或砸断。

锉 刀

通常使用的有齐头扁锉刀、尖头扁锉刀、方锉刀、圆锉刀、半圆锉刀和三角锉刀等。根据特别用途，可有刀口锉刀、菱形锉刀、扁三角锉刀、椭圆锉刀和圆肚锉刀等。锉刀主要由锉身和锉柄两部分组成。锉身有锉齿，分为粗齿、细齿和极细齿。使用时，根据锉刀尺寸的大小，各有不同的握法。大锉刀（长 250 毫米以上）的握法是，右手握柄，柄端顶着掌心，大拇指放在柄的上方，其余手指满握锉刀柄；左手扶住锉身的顶端。锉削时要保持锉刀的平衡，充分发挥锉刀的力量。中锉刀（长 200 毫米左右）的握法是，右手与大锉刀握法一样，左手只需要大拇指、食指和中指轻扶即可。锉削时或站立或坐着，姿势必须便于观察工作。锉削有顺向锉、交叉锉和推锉 3 种。在锉削有硬皮或砂粒的工件时，要先用砂轮将工件上的硬皮或砂粒磨掉，再用旧锉刀或不太锋利的锉刀锉削，最后用新锉刀或锋利的锉刀锉削。锉刀先按一面使用，只有当该面磨钝或必须用锋利的锉刀锉削时，再换另一面。不得用手摸刚锉过的表面，以免再锉时打滑，或被金属屑沫刺伤手指。

手 锯

手锯是常用的锯割工具，由锯弓和锯条两部分组成。锯弓是用来安装和拉紧锯条的，锯条是用工具钢制成的一种有锯齿的薄钢条。常用的是 300 毫米长的锯条。可调式的锯弓，通过调整，可安排 200 毫米、250 毫米和 300 毫米 3 种规格的锯条。锯割时，右手满握锯弓手柄，左手扶持锯弓另一端。锯割的压力和推力由右手控制，左手主要起引导和扶正锯弓的作用。锯割时，若发现个别锯齿折断，要立即停止锯割。对于少量断齿的锯条，可将断齿附近的几个锯齿在砂轮上依次磨低，并把断齿底部磨平，仍可继续使用。锯条拉紧的程度要适当，如拉得太紧，很容易受阻崩断，同时还会缩短锯弓夹头和翼形螺母的寿命，太松了，锯条会因扭曲变形而折断。

手 钳

常用的手钳有鲤鱼钳、钢丝钳和尖嘴钳3种。使用时，可根据不同情况选用。禁止用手钳代替锤子、扳手，不要用手钳夹捏淬硬的钢件和烧红的物体，以免损坏钳口。

扳 手

扳手是用来按紧和松开螺栓的一种工具。常用的有开口扳手、梅花扳手和活络扳手3种。使用时，选用的扳手要与螺帽大小适合，活络扳手要将活络扳口调到与螺帽大小一样。要使受力大的部分落在扳手上，用拉力，不要用推力。切不可将扳手当手锤使用。

铳 子

铳子主要用于在薄板上冲孔、扩孔和冲出铆钉等。它是用中碳钢制成，可根据需要制作，无固定的规格。铳身一般制成棱柱形，铳头要淬火，受锤击的铳尾不能淬火。使用时铳头与工件表面垂直。用完后要妥善保管，不要乱扔，乱放。

电工工具的使用、维修和保养

做电工活，必须具备一定的工具和仪表。只有熟练地运用工具和仪表，才能在实践中得心应手，事半功倍。

钢丝钳

用于夹持或切断金属导线，带刃口的钢丝钳还可以用来切断钢丝。这种钳的规格有150、175、200毫米3种，均带有橡胶绝缘套管，可适用于500伏以下的带电作业。使用时，应注意保护绝缘套管，以免划伤失去绝缘作用。不可将钢丝钳当锤使用，以免刃口错位、转动轴失圆，影响正常使用。

尖嘴钳

用于夹捏工件或导线，特别适宜于狭小的工作区域。规格有 130、160、180 毫米的 3 种。电工用的带有绝缘导管。有的带有刃口，可以剪切细小零件。

螺丝刀

由刀头和柄组成。刀头形状有一字形和十字形 2 种，分别用于旋动头部为横槽或十字形槽的螺钉。螺丝刀的规格是指金属杆的长度，规格有 75、100、125、150 毫米的几种。使用时，手紧握柄，用力顶住，使刀紧压在螺钉上，以顺时针的方向旋转为上，逆时针为下卸。穿心柄式螺丝刀，可在尾部敲击，但禁止用于有电的场合。

电工刀

在电工安装维修中用于切削导线的绝缘层、电缆绝缘、木槽板等，规格有大号、小号之分。六号刀片长 112 毫米；小号刀片长 88 毫米。有的电工刀上带有锯片和锥子，可用来锯小木片和锥孔。电工刀没有绝缘保护，禁止带电作业。使用电工刀，应避免切割坚硬的材料，以保护刀口。刀口用钝后，可用油石磨。如果刀刃部分损坏较重，可用砂轮磨，但须防止退火。

测电笔

又称验电笔。它能检查低压线路和电气设备外壳是否带电。为便于携带，测电笔通常做成笔状，前段是金属探头，内部依次装安全电阻、氖管和弹簧。弹簧与笔尾的金属体相接触。使用时，手应与笔尾的金属体相接触。测电笔的测电压范围为 60～500 伏（严禁测高压电）。使用前，务必先在正常电源上验证氖管能否正常发光，以确认测电笔验电可靠。由于氖管发光微弱，在明亮的光线下测试时，应当避光检测。

❧ 学校礼仪提高 ❧

＼异性同学之间的交往

中小学生特别是中学生之间的交往，可以说是他们日常生活中人际交往的主要内容。而异性同学之间的交往又是其中平常、自然和不可避免的重要部分。这里主要就中学异性同学之间交往的注意事项加以论述。

由于异性同学交往中存在着历史和文化的影响，所以这种交往或者带有心理障碍，认为男女同学之间不应接触；或者带有浓厚的情感色彩，并在特定条件下产生越轨的行为，形成"早恋"关系。因此，不少中学生对异性交往既敏感、又棘手，既关心、又苦恼。

既然异性同学之间的交往是必要的和敏感的，那么就很有必要认真地从当前中学生异性交往的状况、同学们的认识水平、促进异性同学交往的一般因素、异性同学交往类型等方面来分析其中正面的经验、反面的教训，以引导中学生积极、健康地进行异性之间的交往，创造良好、和谐的人际交往的环境。

异性同学交往的类型

对于男女学生的交往，专家们分析，有的适度，有的过分，有的拘谨，有的大方。归纳起来，可分为以下5种类型：

1. 健康友谊型

对中学生来说，基本上是以班级和集体活动中交往为主。上课学习，文体活动，男女同桌，自然而普遍。异性交往表现在：谈学习、谈工作、表扬、批评、互相帮助。这种正常的异性交往，自己不感到拘谨、羞怯，更没有向恋爱方面发展的倾向。

即使在学习、生活中相互帮助产生了好感，或因异性的某一方面深深吸引了自己，一般也能克制感情的冲动不流露，把这份不成熟的情感深藏起来，让其经受时间的考验，从而相互尊重、不干扰，交往停留在适度的水平上。

这种异性交往对中学生的学业与身心健康有着重要的作用，是一种值得提倡的异性交往类型。

2. 害怕羞怯型

本来男女正常交往，有利于各自身心健康发展。但在有些中学生中，有一种由于见识少、封建意识较重的观念，认为男女同学交往肯定无好事，因此害怕异性交往。这是一种陈腐观念所造成的。另有一种内心尽管渴望与异性接近，但表现为对异性疏远、回避，在异性面前羞怯。

这两种情况属于暂时性的交往障碍，随着年龄的增长、知识面的拓宽，会有所改变。

还有一些中学生，有自卑心理，认为自己长相难看，或经济拮据，或不善言谈，因此怕异性同学看不起自己，怕与异性交往时遭到拒绝与冷漠，因此干脆不与异性交往。

这种同学，应提高自信心，真诚对待异性同学，大胆与异性同学交往，培养与异性交往的能力，改变自卑、胆怯状态。

3. "早恋"型

由于生理、心理发育的逐步成熟和受某些传播媒介（如一些影视、报刊）的影响，少数中学生不能控制自己的情感，在异性交往中格调不高，以搞对象、交朋友为目的，有的还产生单相思的情况。这种"早恋"型的交往方式往往使这些同学学习成绩下降、精神状态不佳。

这种与自己年龄、身份不相符的交往方式，有时还会出现人际交往中

的矛盾。例如，有的男同学就不喜欢自己喜爱的女同学与其他男同学交往，为此有的男同学之间就曾发生打架的现象。也有极个别男同学强迫女同学与自己进行不适当的交往。

中学生中"早恋"型的异性交往，不利于他们的健康成长。

4. 追逐骚扰型

极个别男学生，对长得漂亮的女生追求、骚扰，造成不良影响。

上述这几个男学生在与异性的交往中，其言行就不够自尊、自重，甚至放肆、粗俗，既给别人造成精神上的压力，也使自己的形象受损。追逐骚扰型发展下去可能导致违法犯罪。

异性同学交往的原则

异性同学之间健康、积极的交往应遵循以下几个原则。

1. 健康、文明的原则

异性同学之间说话要文明，切忌粗话、脏话；举止要大方，对待异性不可拍拍肩膀、打打闹闹、随便轻浮；尊重对方，不可拿对方开心取乐，甚至不尊重异性感情。

2. 选择场所与时间适当的原则

异性同学交往，不可在阴暗、偏僻的场所，而应在公共场所；不可在晚上单独交往，以防止各种性意向的幻想发生；到异性宿舍，应得到准许，且不应停留过长时间。

3. 保持一定距离的原则

男女异性交往本身有一种自然的吸引力，因此，若男女同学交往距离太近，且身体接触，人的性器官会感受刺激而产生条件反射，出现性冲动，甚至越轨行为。因此，男女中学生接触，应注意保持一定距离，这也是一种礼貌。

遵循这些原则就能使男女异性同学之间的交往保持文明、积极的氛围，并能避免一些不当行为的出现。

中学生男女同学之间的交往应该在老师、家长的指导下，积极健康地进行，学校和老师更应主动为异性同学之间的交往创造良好的环境和氛围，

这不仅有利于提高中学生们人际交往能力，而且对于稳定学校教学、教育秩序、活跃气氛、避免意外事故的发生，都有积极的意义。

中学生们自身更应积极、健康、大胆地进行异性之间的交往，不断提高人际交往能力，同时，在交往中也应注意遵循一些原则，使这种交往有益、适度。中学生们正是学习、成长的黄金时期，极少数同学在异性交往中其言行与学生身份不符，甚至有越轨行为，这些都是必须加以克服的。

促进异性交往的因素

从调查中发现，促进中学生异性之间的交往主要有以下几个因素：

1. 学习和求知因素

这是促进中学生异性交往的主要因素。同班、同级、同校的异性同学之间，由于共同的学习环境和求知的欲望，他们彼此交往的机会比较多，接触也比较方便。平时学习上的互相帮助，工作上的互相配合，信息上的互相沟通，以及集体组织的课外文体活动、义务劳动、知识竞赛、演讲等，增加了异性同学间的相互了解、相互信任、相互激励，容易在异性同学之间建立起友谊。

2. 环境因素

由于住家同在一个机关宿舍区、大院内，或同在一个县、区、街道，地缘感情、联系的方便，促使一部分即使不是一个学校的异性同学之间产生交往。课余时间或节假日，这部分异性同学容易聚在一起，或交流各自学校、班级的情况信息，或在一起谈天说地，或结伴外出游玩。有时在生日或节日中还能相互庆贺，互通有无。

3. 社团因素

因为同属某一个社团兴趣小组、小队，如手风琴、舞蹈、交响乐团、田径队，男女同学经常在一起，互相探讨共同感兴趣的事，从中互相学习，取长补短；尤其是体育运动的爱好者们，经常的训练与比赛，使男女同学增加了交往的机会。

4. 偶然因素

一些特殊的场合的接触或一些意外的巧遇，也会使异性同学之间建立

联系、产生交往。

例如，一位女同学，在上学的路上车子突然坏了，得到了一位原来并不相识的男同学的帮助，她很感谢，并由此开始了联系，并成了朋友。这种由偶然因素所形成的异性交往，由于相互缺乏深入地了解，有时也会产生不良的后果。

与老师的交往

班主任是班集体的组织者与领导者，学生是班集体的主体与各项活动的参与者。教学、教育活动把班主任与学生紧密地联系在一起。

和老师发生矛盾的处理

在学校里，学生和老师朝夕相处，有时会由于各种原因，造成误会，产生分歧。与老师发生矛盾，会影响师生关系，甚至影响学生的学习情绪。

师生间的误解是常有的、正常的，关键在于如何解决矛盾，处理好师生关系？作为中学生，要本着下面 2 个原则冷静处理此类事情。

（1）要客观分析，克服感情用事，更要避免先入为主、混淆是非。

（2）要心理相容，多一点宽容。

社会群体中的人与人之间应该心理相容，即做到协调一致、相互体谅、学会替对方着想，做到宽容大度、团结合作。每个人都生活在社会群体之中，每天都要接触一些人，在交际中绝对的统一是少有的，难免发生一些"磕磕碰碰"。小摩擦处理得好，可以化"干戈为玉帛"；处理不好，就会留下"隐患"。

我国著名教育家叶圣陶先生提倡"立诚为本"，他认为"诚"是为人的根本。他有 3 个子女，分别取名为"至诚"、"至善"、"至美"，这反映了叶圣陶对子女的期望和对人生的追求。确实在人际关系中，必须有"至诚"之心，有"至善"之态，才会有"至美"之果。青年人敢想敢说、心直口快，这种好的品质和作风应该提倡，但要注意交谈的方式。遇有误会、矛

盾时，要勇于沟通，态度诚恳，这才是促进师生间友好相处的重要途径。

对老师有意见的处理

作为学生，我们应当尊敬老师；作为朋友，我们应当协助老师。对老师恭恭敬敬、唯命是从未必就是尊敬老师；向老师直抒己见，表达不同观点未必就是不尊敬老师。关键是怎样给老师提意见。下面几点看法值得借鉴。

1. 把握时机，分清场合

不论在学习与工作中，还是在日常交际中，与人谈话都要注意选择合适的时机和场合，自然，给老师提意见和建议也是如此。一般来说，老师在全神贯注地讲课或讲话时不要打断，如果不是讨论课上的问题，最好不要当时提。因为这样做容易打断老师的思路，干扰教学进度，甚至影响其他同学的学习。

如果在听讲时发现老师讲话有误或有不当之处，也不要马上就发表意见。应该等老师讲课结束之后，让同学们看书做练习之时，再举手发问。如果你提的问题有份量、有代表性，老师会把你的意见公布于众，让全体同学注意，以达到共同提高的目的。如果怕忘了，可先记在笔记本上，课上如果没时间发问，下课以后私下找老师交换意见。

虽然如此，这并不是说同学在听课时只是被动地、消极地接受，而应该是积极主动地反馈，需要做出会心的呼应。有时，对老师讲的没理解，或有些疑问，抓住时机提问题，老师是乐意以更清楚的语言来解释一番的，直到使你听明白为止，同时，从老师的心理上，也会觉得你听课很专心，问题提得好，提得有水平。

2. 语气平和，注意方式

在人际交往中，相互交谈的内容固然重要，但交谈的语气和方式也是不容忽视的。从一定意义上说，交谈方式和谈话语气直接影响谈话的效果和相互间情感的沟通。

老师与学生谈话要十分讲究艺术，同样，学生向老师提意见，也要注意语气和方式，否则，不利于问题的解决，而且容易引起误解和反感。因

此，要注意用商量的口吻、交换意见的口气进行。

3. 坦诚以待，言有分寸

坦诚以待，言有分寸是学生在和老师交谈讨论问题时应当遵守的原则。

所谓坦诚直言，就是"知无不言，言无不尽"。这是批评者的态度，而接受批评要"有则改之，无则加勉"。怎样对待别人的批评，又如何批评别人，道理上谁都会说，可真正做到实在不容易。

所谓言有分寸，是说在提意见时，不要说得太满、太肯定。双方都把话摆到桌面上来，意见不统一也不要紧。不要固执己见，要谦虚谨慎；不要强加于人，要客观表示自己的态度。具体讲，可以这样说："老师，这个问题我认为怎么样……"而不要说："老师，你肯定错了，我的意见是绝对正确的!"对于教学中某些有争议的但学术界至今还没有定论的提法或问题，阐明自己的观点即可。

4. 口头难言，以"书"表达

有的问题当面不好说；有些同学不善于面对面提意见；有些问题比较复杂，当面谈容易头绪乱，丢三落四说不清楚，或表达不全面；有些话当面不好意思讲，临时斟词酌句很令人难堪。这些情况，都可以以书面形式反映自己的意见。

总之，提意见看起来简单，其实不然。提意见、批评都要讲究艺术，如果懂得批评的艺术，学会进行艺术地提意见，不仅不会伤害师生感情，而且能帮助老师改进工作，还会大大促进师生间的感情，使师生建立起真正的友谊。

与非教学人员的交往

在学生们的心目中，往往只注意到教员，尤其是班主任老师及教自己课的老师，不教自己的或不是自己这个年级的老师往往放在第二位，而对学校的职员、职工就不那么"重视"了。设想，一个学校如若无后勤部门的教学保障，没有医务室、图书馆、食堂、保卫部门的配合，能成为一个完整的学校吗？再说，同学们在学习生活中，不可能不与他们打交道。因此，与非教学人员的交往，也是学校人际交往中的重要内容。

如何与非教学人员交往？最主要的是要尊重他们。不仅表现在见面打招呼，叫一声"老师"或问一声"师傅好"，还应理解他们、尊重他们的劳动。如，上学时，有些同学直接骑车进入校门，对"门卫"不预理睬；有个别同学，还因校门卫阻止他们骑车进入校园而与之发生口角。这些都反映了同学们对门卫的不尊重与自身文明素质不高。

食堂的工作人员为同学们准备好可口的饭菜，当同学们进入食堂时，应主动与他们打招呼。就餐时应尽可能注意食堂卫生。有的同学，把不喜欢吃的饭菜随便扔，甚至扔到地下，一方面浪费，另一方面对食堂工作人员的劳动不尊重。如对伙食有意见，可以通过班主任老师反映到有关方面，绝对不能与食堂工作人员当面顶撞，甚至大吵大闹。

阅览室、图书馆是同学们课余时间常去的地方。在那里，同学们博览群书、吸取知识、开阔眼界。对图书馆、阅览室的老师，同样要有礼貌。在阅览室看书，要遵守纪律和室内规则，不得喧哗，看后将书放回原处。借书要遵守借、还书时间，此外，要保护好图书。学校上万册图书，有些图书磨损后，由图书馆的老师们一本本重新修整好，包好牛皮纸封皮。同学们对图书的爱护，也体现了对老师们劳动的尊重。

物理、化学、生物除去理论课以外，还要上实验课。这是培养同学们实际操作能力的重要环节。为了一堂实验课，授课的老师要认真备课，给同学讲好课。可是实验室的老师为了这一堂课，又要付出多少辛勤的汗水呢？比如化学实验，为这"一节"课，实验室老师们要把试剂瓶洗刷干净，所需的多种试剂一一事先配好溶液、装瓶、贴上标签、放在每一个实验桌上。每桌放的四五支试管，也都事先洗刷干净，倒扣在试管架上。此外，还有铁架台、酒精灯、火柴等等。每一位实验室的老师都默默无闻地干好自己的本职工作。他们是当之无愧的"无名英雄"。同学们所学到的知识，做的每个实验也凝聚着实验室老师的辛勤汗水。所以，我们更要尊重这些老师，更要尊重他们的劳动。进实验室，要遵守实验室规则，不能随意乱动仪器、药品，有的仪器不小心或由于不知正确的使用方法会损坏，另外也有安全问题。此外，不能随意乱换药品和仪器，这样其他同学的实验会因物品不全而受到影响，同时也给实验室老师的工作增添了麻烦。因此，同学们应该爱护仪器、药品，做完实验后，将自己桌上的所用仪器摆好、试管洗刷干净，主动帮老师把桌上的药品撤下，关好门窗，把实验室打扫干净。这种对待实验的态度和作风，定会受到实验室老师的赞赏，同时也是对老师们辛勤工作的最大理解和支持。

除此之外，学校还有总务处、教导处、医务室、校办工厂……这里辛勤工作着许多老师，他们没有直接教你功课，没当你的班主任，但同样为你的健康成长辛勤工作着，你也应该尊重他们，因为尊师不单是尊重个体的人，而是对他所承担的工作、他所具有的知识的尊重。在学校中当同学们也能尊重其他工作人员时，不更体现了同学们尊师的美德吗？

因此，在与学校非教学人员交往时，要注意做到态度上尊重他们，行动上支持他们，表现出自身良好的素养。

校园生活与礼仪修养

作为学生，在学校里的主要任务是学习。向老师学习，向书本学习，采用的主要方式是上课，即课堂学习，此外还有课外的辅导答疑、批改作业、阅批试卷及其他各种课外活动。如果在课堂上，开始上课时，一般都要起立，行注目礼。如果有什么问题提问时，可以先举手，等老师允许以后，再站起来讲话。在课堂上最重要的礼仪是安静，注意听讲，不要交头接耳，低头做小动作，更不要睡大觉或干与本课无关的事。在课堂上专心听讲，这既是表明对老师的尊敬，也是表示对老师劳动的尊重。

学校的领导，上至校长、书记，下到处、科级管理人员，有的领导就是老师，一身二任。从原则上来说，对领导要做到一是尊敬，二是服从。这里说的尊敬主要是指从人格上尊重领导，不论是对校长、书记、处长、科长，还是一般的管理人员都应该如此。这里说的服从主要是指按照领导的规定、章程、规矩办事，服从管理人员的领导和指挥。

这里有几种情况特别应该引起注意。

（1）对待领导要一视同仁，不要对校长、书记或系主任、系总支书记毕恭毕敬，而对一般管理人员却不放在眼里、低看一等，用势利眼对待人这是很不好的。一个有教养的人，综合素质高的人，又有礼仪修养的人，对任何人都应该平等看待。

（2）对待领导不要阿谀奉承，吹吹捧捧，高帽子满天飞。一个正直正派的领导是很不喜欢这些的，甚至很反感这些低俗的东西。孔子在《易·系辞传》中有这样两句话："上交不谄，下交不渎。"作为一个学生，一定要做到巍巍正气在身，不要染上势利小人之习，实事求是，踏踏实实，根据当时、当地的具体情况，把话说得合情合理一些，把事办得妥当一些。

（3）有少数的同学把自己的前途希望寄托在领导的照顾、优惠或优待上，也就是企图用拉关系、走后门的歪门邪道来求得一个好的分配或其他什么利益。这是一种不正直、不道德的行为，是社会上不正之风在学校的一种表现。作为一个学生，不仅不能仿效，而且还应该抵制和反对社会上的不正之风，自觉培养自己正直的人格。

学生在学校里来往最频繁的是同学相互之间在学习、生活上的交流，尤其是住校生，不仅在一起学习上课，而且还整天吃在一起、住在一起、玩在一起，相互之间的关系是十分亲密的。正由于如此，有的同学就忽视了与同学相处的礼仪，轻者影响了同学间的关系，重者则有碍于学习成绩和生活质量的提高。因此，同学之间也要十分重视礼仪修养。同学之间相处的礼仪主要有下面这些：

（1）处处要注意团结同学，一言一行、一举一动都要从团结的愿望出发。

（2）和同学相处一定要言行一致、表里如一，嘴里说的，就是行动上干的，能做到的就说能做到，做不到的就说做不到，实实在在，不搞虚假的那一套。

（3）说话要注意场合，注意分寸，即使开玩笑，也要注意这两点，该说的就说，不该说的一定不能说，要管住自己的嘴巴。很多同学不重视这一点，一高兴就信口开河，全然不顾后果；一生气就暴跳如雷，骂不绝耳，

什么难听就骂什么，不仅造成很坏的影响，而且这也是无教养、无礼仪修养的充分表现。古人说："盛喜时，勿许人物；盛怒时，勿誉人言；盛喜之时，多失信；盛怒之时，多失体。"所以，特别是在高兴和生气的时候，要更加注意自己的言行。

经常在一起，免不了相互之间借用东西，但是必须做到有借有还，即使随便要用一下别人的东西，一定要打个招呼，告诉一声，不要拿起来就用，根本不问主人是谁。

在集体生活中，要顾全大局，遵守规章制度，要按照大多数人的意志做事，千万不可我行我素。例如，宿舍里都熄灯就寝了，自己才回去，这时应该尽可能很轻地开门、上床、休息，以免打扰别人的睡眠。

同学需要帮助时，一定要尽最大的可能助其一臂之力，不要视而不见、置之不理。乐于助人是我们中华民族很重要的美德之一，也是礼仪修养中不可缺少的内容。当然，帮助别人要根据具体情况，做到尽力而为、量力而行。但是，另一方面，有困难的同学也不要强求别人帮助，给别人造成困难，甚至带来麻烦。有困难自己多克服，有痛苦自己多承受，有危险自己多承担，尽可能避免打扰别人，这也是我们中华民族的重要美德之一。

要正确地对待同学，就必须正确地估价自己，时时处处把自己放在恰当的位置上。妄自尊大、妄自菲薄、忘乎所以都是不切合实际的，所以是不足取的。不论你是一般同学，还是学生干部；不论你在学习上或其他方面取得了一些成绩，还是遭到了失败；不论你是较高层领导干部家庭出身，还是工人、农民家庭出身，都要做到头脑冷静。自知，自尊，自制，即在人格上要自尊自重、顶天立地，品德上能伸能屈、能上能下，与人交往上要不卑不亢，一定要做到有自知自明。作为一个新时代的青年学生，一定要努力学习，认真总结经验和教训，不断提高，不断进取。人生的道路如逆水行舟不进则退，只有不断学习，才能不断进步。在自重、自强、自尊、自爱、自知、自制的六自基础上，恰当地、热情地、诚恳地对待同学，对待别人，和同学相处得水乳交融、亲同一家。

进校礼仪

进校礼仪有 2 点要注意：

第一，如果有校服，便要坚持穿着。在校学生穿统一校服的做法优越性很多，已得到广泛推广。但穿校服要注意正确的态度和方法，不然只会流于形式。有的同学觉得天天穿同样的衣服，人人穿同样的服装，因而在思想和情绪上对校服表现出抵触情绪，这是错误的。

穿校服时，应保持校服的整齐洁净，穿着要端正妥贴，以显示出学生良好的精神状态。校服丢失或破烂了，要及时修补或补做。无论在什么情况下，都不能穿着邋遢、污损的校服去上学。

不要求穿校服时，我们的服饰也要朴素大方、活泼整洁。上学不是过节、开晚会，衣服不要求华丽、漂亮，但要端庄洁净，符合学生的身份。烫发、穿高跟鞋或浓妆艳抹、披金戴银，这些成人化的装扮既不符合学生的气质，又不利于我们健康成长。

注意正确穿着之后，便要注意进校时的姿态。中小学生正处于青春年少、精力充沛的年龄，就像初升的太阳一样，应是生机勃勃而充满朝气的。踏进校门，是我们每天投入学习的开始，因此要保持情绪高昂、奋发进取的精神状态，而绝不能萎靡不振、垂头丧气。还要注意的是，进校时要严守纪律，不揽腰搭肩，嘻嘻哈哈；不互相追逐打闹，高声喧哗。

此外，学生进出校门都要佩戴校徽。校徽是学校的标志。坚持佩戴校徽，既能提高自身的荣誉感和责任感，督促自己养成遵纪守法的习惯，还方便了学校的保卫工作人员搞好工作，有利于维持学校的正常秩序。

第二，接受门卫的指点。一般来说，学校都设有门卫。门卫的职责是加强学校的保卫工作，防止外人或坏人进入学校，干扰和破坏学校的正常秩序；同时，他们也负责检查学生的仪容，以维护学校良好的校风校纪。一些学校除设有门卫外，还安排一些同学轮流值勤。值勤同学的职责，主要是配合、协助门卫人员，维护学校秩序，对违反校规校纪的同学进行批

评帮助，督促其改正。

因此，我们每个同学都必须虚心接受门卫与值日同学的指正与督促。进校时，门卫和值勤同学会检查我们是否佩戴校徽，仪容是否整洁，甚至要求我们出示学生证等。这时，我们不能产生抵触情绪，而应该积极配合。

上课礼仪

做好上课准备

每一位同学都应该明白，课前做好充分准备是身为学生必备的礼貌。在预备铃前进入教室，准备好课本、练习本、文具等，安静端坐，恭候老师的到来，是对老师最起码的尊重。老师一踏进教室门，就感受到这种肃穆气氛，心里一定会因受到尊重而感动，自然会更尽力地传授知识。做好课前准备，既是上好一节课的良好开端，又表达了对师长的尊敬，密切了我们与老师之间的关系。

遵守课堂纪律

遵守课堂纪律，既是尊重老师的表现，也是尊重同学、集体的表现。

为了上好一节课，老师在课前都要花不少心血钻研教材，备写教案，以便在有限的时间内把更多的知识更好地传授给同学们。老师在上课时，如果学生的课堂纪律好，认真听讲，做好笔记，积极发言，不窃窃私语，从而使老师沉浸在备受尊重的氛围中，其思路就会越讲越顺，教学水平也会随之发挥到较佳状态。反之，假如一些同学不遵守课堂纪律，思想开小差，爱做小动作，甚至旁若无人地交头接耳，就会扰乱课堂秩序，使老师感到缺乏应有的尊重，从而产生沮丧、失落之感，情绪低落，思路也随之被打乱，授课水平因而下降。

课堂上，任何一个同学扰乱了课堂秩序势必都会影响其他同学的上课情绪。要么是爱搞小动作爱说话的同学影响到前后左右的同学听不了课，

要么是老师不得不中断上课来批评提醒一些不遵守纪律的同学，这样不仅浪费了全班同学的时间，而且也打断了同学们听课的连贯性。

正因为这样，每个学生都应遵守课堂纪律，这是对老师、同学的尊重，是对自己的尊重，也是对知识和学业的尊重。

认真回答老师提问

主动回答问题时，应先举半臂右手，经老师允许后起立发言，而不可坐在座位上，就冲口而出开始答题；老师未点到自己的名时，不要抢先答话。

起立回答时，姿势、表情要大方，不要故意做出松松垮垮或引人发笑的举止。说话声音要清脆，音量大小适中。发言后，经老师允许方可坐下。

当老师提出的问题自己没有把握，而又偏偏被点到名时，切不可有情绪抵触。这时应该大大方方地站起来，以抱歉的语调向老师解释说："老师，这个问题我答不出来。"

在其他同学回答老师提问时，不要随便插话。别人回答错了，或者回答不出，不可在旁讥讽嘲笑。只有当老师问"哪个同学能回答这个问题"时，自己才可以举手，得到老师允许后，再站起来回答问题。

正确对待老师的批评

由于有些同学在课堂上违反纪律，影响学习，因此免不了受到老师的提醒与批评。但这些受到批评的同学往往心里十分不高兴，认为当着全班同学批评他，是故意拆他的台，让他丢了脸，从而对老师满肚子怨气。更有甚者，还当场顶撞老师，态度恶劣。显然，这些都是十分错误的、没有修养的行为。

有过失的同学，应该怎样理解和对待老师在课堂上的提醒、批评呢？

首先应认识到，一堂课，只要有一两个人在那里窃窃私语或做小动作，都会使整个班级的学习气氛受到破坏，影响老师的讲话情绪。这时，老师及时的提醒与批评是理所当然的，这也是老师的职责所在。假如老师对这些不良现象不闻不问、放任自流，这样的老师便不称职。这

种不负责的表现，害了你自己也害了其他同学。明白了这一点，也就明白了：当老师在课堂上提醒批评不守纪律的行为时，即使是点名批评到自己，也不应忿忿不平地认为是故意让自己出丑，而是应该愉快地接受，并立刻改正。

迟到了怎么办

同学们都知道，上课迟到会影响课堂秩序，有时候我们也确实会遇到特殊情况，不得已只好在开课后才进入教室。这时候，该怎样做才对呢？

站在教室门口先喊"报告"。如果门关着，那就应先轻敲门，经老师允许后，才能进入教室。

回座位时，速度要快，脚步要轻，动作幅度要小。在放置书包与拿课本时，尽量不要发出声响，更不能为了掩饰自己的窘况，反而故意做出惹人发笑的举止。

坐下之后，应迅速集中精力，取出课本和笔记，静听老师讲课。

总之，迟到了的同学应该努力补救自己给班上带来的干扰，要把由于自己迟到而对课堂秩序造成的影响，减少到最低程度。

上课时，学生可能迟到，老师也可能迟到，因为生活中总会偶发一些原先不曾意料到的特殊情况，使教师不能准时到达课堂。比如，因接待来访的学生家长，一时间无法中止谈话；比如，因远方的亲友突然来访，老师不得不应酬几句；比如，突然间身体不适，因此不能不稍作休息等。在这种情况下，身为学生的我们，一定要以理解、冷静、正确的态度来对待。

当学生发现教师在上课铃已响过后，才进入课堂上课时，不要大惊小怪、不要喧哗、不要大声议论，而仍应起立向老师致礼。当老师就迟到的原因做出解释并表示歉意时，我们应表现出谅解和宽容的态度。这样会使教师感到温暖亲切，从而融洽师生关系，增进师生情谊，使课堂教学收到更好的效果。

升降国旗的基本仪式

国旗，是神圣而庄严的。升降国旗，都应该在一种严肃、庄重的气氛和场合中进行。

升旗按国家教委所发《关于施行＜中华人民共和国国旗法＞严格中小学升降国旗制度的通知》精神，各校国旗升旗仪式应该在每周星期一的早晨举行（寒暑假及天气不好除外）。遇重大节日或纪念日时，也应举行升旗仪式。举行升旗仪式时，在校的全体师生都应参加。首先应将全体学生集合在大操场上，使队列整齐、面向国旗、肃立致敬。

升旗仪式的整个程序是：

出旗（旗手持旗，护旗在旗手两侧，齐步走向旗杆，在场的全体师生庄严肃立）；

升旗（奏国歌，全体师生行注目礼）；

唱国歌（由仪式主持人宣布开始与结束）；

国旗下讲话（由校长或其他教师、劳动模范、先进人物等作简短而有教育意义的讲话）。

降旗仪式的有关规定是：

一般在每日傍晚前进行。由旗手和护旗按《国旗法》第16条的规定降旗。仪式不限，学校可自行安排。但在降旗时，所有经过现场的师生员工都应面对国旗，自觉肃立，待降旗完毕时，方可自由行动。当然，降旗时也不一定每次都要将学生集中起来，也可以在放学以后，由旗手和护旗直接将国旗降下来，但在降旗时态度要认真恭敬，然后将旗叠好，收交给负责保管的老师。

对国旗和国歌的尊重，实际上就是对我们伟大祖国的尊重。作为学生，我们每人都应懂得尊重和热爱国旗和国歌。

具体来说，在升降国旗和奏国歌时，同学们应做到如下几点：

要端正肃立。当主持人宣布："升旗，奏国歌"时，全体同学要立正，

脱帽，行注目礼。在降旗时，同样要立正，并行注目礼。当同学们路过其他单位，恰逢那里正在升国旗和奏国歌时，也应立即停止走路，严肃立正，等待升旗仪式完毕后，方可继续行走。

神态庄严。每天升降国旗和奏国歌，本身是一种爱国主义的教育。当五星红旗徐徐升起时，象征着我们祖国蒸蒸日上、欣欣向荣，所以，在场的人应该仰视，让以天下为己任的使命感在心头油然而生。

保持安静。在升降国旗时，队列要整齐，所有的人都要保持安静，切忌自由走动、嬉闹谈笑和东张西望。

集会的礼仪

学校里召开集体大会，一般规模比较大，好比是在一个特大的课堂上授课。由于参加的人数多、班级多，为了保证大会的顺利进行，客观上便要求每位同学都应更为严格地遵守纪律，顾全大局，遵守礼仪，尽力做到：

会前准时到场。最好能提前几分钟到场，以保证大会准时开始。到场后，快速把队伍整理好，保持良好的精神面貌。与会者不得勾肩搭背、任意谈笑、相互嬉闹。

服从会场工作人员的安排，鱼贯而入，按指定地点入座，切不可一窝蜂争抢好座位。兄弟班级之间要发扬风格，互谅互让，而不可互相攀比和斤斤计较。

集会开始后，与会者不可随便走动和发出声响，以免影响报告人的情绪，影响其他人听讲。

如果迟到，进入会场时应悄悄入场，坐在后排的座位上，而不可大摇大摆地走到前面，总之，要尽量避免分散别人注意力。

若因上厕所等原因必须暂时离开会场，应弯腰悄悄出去，尽量减少对别人的干扰。

在开会的过程中，不能打瞌睡，没有特殊的原因，也不能中途退席。否则，便是对大会的组织者与报告人的羞辱。即使会议的内容再枯燥，出

于礼貌和纪律，与会者也须等终席会散时方可离去。

集会结束离开会场时，要服从会场工作人员的指挥，按顺序出场，切忌一哄而散、争先恐后，使门口拥挤堵塞，造成混乱和事故。

共青团礼仪

坚持佩戴团徽

佩戴团徽，能使团员时刻想到自己是一个光荣的青年组织成员，从而鞭策自己在行动上坚持高标准和严要求，发挥模范作用。所以，共青团员从批准入团、发给团徽那一天起，凡是举行团日活动，组织参观、访问、野营、旅游，开展各种文化科学和娱乐活动，以及参加公益劳动和社会工作等团体的一切活动，包括上班、上学读书等，都应自觉将团徽佩戴在左胸前，以表明自己是先进青年群众组织的一员，并随时随地以此自律自戒、讲求文明、努力奉献、为社会为人民多做有益的事。

共青团活动仪式

共青团组织在重大节日中组织集会，开展团的活动时，应该举行团会仪式。举行团会仪式能给团员带来庄严感，能促使团员尊重和热爱自己的组织，增强团员的荣誉感和责任感。

举行团会，一般的仪式如下：

各团小组在举行团会仪式前，应整队进入会场，报告实到人数、缺席人数及原因。会议前，由总支书记或支部书记报告参加这次大会的实到人数和缺席人数。

接着活动开始，其程序如下：

全体立正；唱团歌；总支书记（或支书）讲话，宣布活动开始；进行活动；总结；散会。

入团仪式

凡是年龄在 14 周岁以上，25 周岁以下的中国青年，承认团的章程，自愿参加团的组织并在其中积极工作，执行团的决议，遵守团的纪律，缴纳团费，均可加入中国共产主义青年团。

新团员入团时，要举行入团仪式，并必须在团旗下进行入团宣誓。宣誓的誓言如下：我志愿加入中国共产主义青年团，坚决拥护中国共产党的领导，遵守团的章程，执行团的决议，履行团员义务，严守团的纪律，勤奋学习，积极工作，吃苦在前，享受在后，为共产主义事业而奋斗。

入团宣誓仪式通常可以与团支部或团总支的其他活动合并举行，例如可与举行纪念"五四"青年节团日活动、清明节为烈士墓献花圈等同时举行。

入团基本程序：全体立正；唱团歌；宣布新团员名单；授予团员标志，佩戴团徽；宣誓（由仪式主持人领读，读誓词时举右手）；新团员代表讲话；支部、总支领导讲话；仪式结束。

离团仪式

团员年满 25 周岁，如果没有被选入团的领导机关，或者没有担任团内职务的，应该办理离团手续；如果他们要求留在团内，并能继续参加团的生活，履行团员义务，可以保留团籍到 28 周岁。团员超龄离团，向团支部口头声明即可。团支部或团总支应当找其个别谈话，肯定本人在团内的进步和成绩，指出今后努力方向，并且听取其批评或建议。团员离团时，由团的基层委员会发给"团员超龄离团纪念证"，可以不作鉴定。

超龄团员离团以后，上级团委应在他的入团志愿书或团员登记表上注明何时何地因超龄离团，并把他的档案材料送交所在单位的人事部门保存，或者由原保管机关存档。

食堂里的礼仪

住宿生每天都需要上食堂打饭，因此，在食堂里的礼貌也不可忽视：

（1）要依次排队。在食堂打饭时，有些同学喜欢在人群中挤来挤去，寻找机会插队，这是不文明的举止。正确的做法应该是：高年级同学要礼让低年级同学，男同学要礼让女同学。

（2）要尊重炊事人员。打饭时，有的同学有时会因为炊事人员找错菜票，做的菜不合口味或认为炊事人员分饭菜不合理而与他们争执起来，这也是不文雅的举止。待人要宽容，炊事人员劳累了一天，偶有差错，我们也应给予体谅。假如炊事人员真有不妥之处，作为知书识礼的学生，也不必当场争吵打闹，而应于事后向学校管理部门反映，请求解决。

（3）讲究卫生。在食堂里，有的同学打了饭，常常一边走路一边吃；还有一些同学，习惯于把骨头、菜屑到处乱丢。这是既不卫生又有失礼仪的举止。吃饭时应坐下来，骨头、菜屑放一处，吃饭后再与剩饭剩菜一起倒在指定的地方。

❧ 家庭礼仪提高 ❧

✎ 家庭礼仪概述

家庭的实质

家庭是建立在婚姻和血缘关系基础上的亲密合作、共同生活的小型群体，是适应人类自身生产的需要而出现的社会生活组织形式。

人们的生产方式决定着人们的生活方式，家庭的形式随着经济基础的变化而变化，它有个历史的演变过程。家庭是从群居杂交关系的原始状态中发展而来的，其最初阶段是血缘家庭，它按辈份区分血缘婚姻，以群婚制为基础，这血缘家庭是原始人群向氏族共同体过渡的重要环节。然后发展到对偶家庭，这是成为配偶在或长或短的时期内相对稳定的同居现象，还不是十分牢固的家庭形式。从对偶家庭中产生一夫一妻制家庭，是在原始社会末期，在私有制基础上产生的社会组织形式，它是为适应生产进一步发展、要求形成各自独立的经济单位的情况下建立的。

家庭是社会的基本单位，它同整个社会的联系十分密切，是社会生活的基础和必不可少的组成部门。家庭和社会之间的关系可以说是局部和整体的关系，整个社会的经济、政治、文化等领域能制约、渗透、影响各个家庭的存在和发展，家庭是社会的缩影。但是家庭又是社会的细胞，它为人们提供社会生活的最基本环境，如果家庭的存在和发展是健康的、稳定

的，对社会生活和经济发展就能起到促进和稳定作用。反之，家庭的存在和发展是不稳定的、不健康的，甚至遭到破坏，那么，对社会生活和发展就会起破坏作用。

家庭是具有多功能的小型社会群体。一般来说，家庭具有生产、消费、抚育和赡养、教育、社会交往等各种功能。家庭的生产功能是指在个体经济存在前提下，生产是以家庭为单位来进行的，这样的个体家庭具有生产功能。家庭的消费功能是家庭的一个消费单位，生活资料的消费，主要是以家庭为单位进行的。家庭抚育和赡养功能，是指人口的再生产，是任何其他社会组织形式不能代替的，家庭成员有抚育子女和赡养父母的义务。家庭的教育功能是指家庭是人的教育，特别是幼儿教育的基本场所。除学校来承担教育任务外，家庭是教育后代的重要阵地。家庭的社会交往功能，是指作为一个家庭，必然存在着家庭成员之间、朋友之间、亲属之间以及与其他社会成员、组织之间的相互交往关系。正确处理好这些关系，是家庭存在和发展的基本条件。一个家庭，每天都离不开对于这些关系的处理。

家庭礼仪的概念

所谓家庭礼仪，指的就是人们在长期的家庭生活中，用以沟通思想、交流信息、联络感情而逐渐形成的约定俗成的行为准则和礼节、仪式的总称。"幸福的家庭都是相似的，不幸的家庭各有各的不幸。"这里所说的幸福是建立在礼仪的基础上的。"相敬如宾、白头偕老"阐明的就是夫妻间也要有礼节才能幸福一辈子的道理。"父子和而家不败，兄弟和而家不分，乡党和而争讼息，夫妇和而家道兴"，可见"和"是关键。这个"和"用今天的话来解释，也就是相互谦恭有礼的意思。

家庭礼仪在现代社会生活中发挥着重要的作用。简单地说，家庭礼仪是维持家庭生存和实现幸福的基础，家庭礼仪能调节家庭成员之间达成和谐的关系，家庭礼仪也有助于社会的安定、国家的发展。

家庭礼仪的特点和内容

家庭礼仪的基本特点主要表现在以血缘关系为基础，以感情联络为目的，以相互关心为原则、以社会效益为标准4个方面。

（1）以血缘关系为基础。家庭礼仪主要体现在家庭成员之间，而家庭成员之间的关系是人类社会中最为普遍的关系，以血缘关系、感情关系为核心。因此，在家庭礼仪的形成、建立和运用过程中，必须从血缘关系这一基本点出发的。

（2）以感情联络为目的。家庭礼仪的主要职能并非以个人形象的塑造为侧重点，而是通过种种习惯形成的礼节、仪式来进一步沟通感情，俗话说的"亲戚亲戚，不走不亲"。就是强调亲友间的感情有了血缘关系的基础，还需要通过一定的礼仪手段来维持、强化和巩固。婚嫁喜庆、乔迁新居、寿诞生日等种种快乐，通过礼仪的传播，可以使更多的人体会和享受，这一传播过程的最终目的就是加强感情联系。

（3）以相互关心为原则。之所以说"母爱是最伟大，最神圣的爱"是因为母爱的主要内涵是无私的奉献、无微不至的关怀。要衡量一件事或某一行为是否符合家庭礼仪要求，只要分析一下双方之间是否存在相互关心的成分，真诚的祝贺、耐心的劝导、热情的帮助本身就是合乎礼仪的。

（4）以社会效益为标准。不同的时代环境，不同的区域，风俗、礼仪存在着很大的差异性，家庭礼仪也一样，因为它受多种因素的影响，家庭活动中的许多礼节、仪节始终也是变化发展的，如封建社会的婚礼有拜堂入洞房等繁文缛节，而当今出现了许多集体婚礼、旅游结婚等新的婚礼程序。但有一点却是可以肯定的，那就是要评判某一种家庭礼节、仪式是否是进步的、合乎礼仪规范的，只要看它是否能产生很好的社会效益这一标准。

有些同学说：每天都与家人相处在一起，亲人之间的关系必然是密切的，难道也用得着客套，用得着讲究礼仪吗？这会不会是假客气呢？

很多同学都清楚，在陌生人之间或对待家庭成员以外的人，用礼貌的态度待人，讲礼貌的话是很有必要的。在这种情况下，他们也会自觉地注意礼仪修养。但是对自己的家人或熟悉亲近的人，似乎就没有讲礼仪的必要了。这种观念当然是错的。家人之间虽然存在特殊的亲情联系，但一样有讲礼貌的必要。这不是什么虚情假意，也不是什么"假客气"，而是对家人真心诚意的尊重。坦率地说，有相当一些学生对家人往往不讲礼貌，不注意尊重父母长辈。例如在家不喊爸爸妈妈，不喊爷爷奶奶，只是随口"喂，喂"地叫唤；家人正在津津有味看电视，遇到他不喜欢的节目，也不征得大家同意，便自作主张，更换频道；父母劳累了，需要安静休息一会儿，他却把收录机开得震天响，满屋子都是强烈的迪斯科音乐；父母身体不适时，不关心、不体贴、不知问寒问暖；有些同学在家简直就像一位土皇帝一样，自己能干的丁点小事也要指使家人干。

当然，对父母长辈与兄弟姐妹来说，他们一般不会与你斤斤计较这些，但如果长此以往，就会无形中伤害、刺痛他们的心，影响他们的情绪，也影响了他们的工作、学习，使你与他们之间产生隔阂，导致家庭不和睦。

假如我们每人与家人都能互相体贴关心，彼此宽容体谅，处处以礼相待，那家庭生活一定会充满温暖，充满欢声笑语。

同学们，家庭是我们人生的第一个港湾，我们在其中受到孕育、受到庇护，并开始了航行人生大海的准备。从这个意义上讲，家庭生活也是社会生活的提前训练。只有从家庭生活中，从与我们最亲最近的家人相处中，开始学习做人的礼貌，不断提高自己的素质，养成文明的习惯，才可能进而在社会上做一个文雅、得体和备受欢迎的人。

对长辈的礼仪

爷爷、奶奶、外公、外婆辛苦了一辈子，含辛茹苦地养大了父亲、母亲，没有他们，便没有我们的爸爸妈妈，更没有我们。所以，我们应该孝敬他们，对他们特别讲礼貌。

老人年岁大了，走动不便，我们对他们要给予特殊的照顾：给他们盛饭夹菜，睡觉时为他们铺床盖被放蚊帐，在他们走动时予以搀扶，有空时

陪他们说话解闷。如果老人病了，更要给予精心照料，主动为其煎药、喂药、问寒问暖。

俗话说，"树老根多，人老话多"。老人上了年纪，说话比较啰嗦，有些事情翻来复去要说好几遍。对这种必然的生理现象，作为有文化有知识的我们，应该充分理解，而不该表示厌烦，总是粗暴地打断老人的絮语。当老人家唠叨时，正确的话，我们要听；就算错了，也让他们说完以后再作解释。如果只是一个劲地嫌老人啰嗦，对他们的话不理不睬，甚至粗暴地反抗，那就必然令他们伤心。就算你内心还是孝敬老人的，就算平日里你也曾用心照顾他们，但只要有过一次粗暴无礼的行为，长辈受伤的心就不易康复。

在家里，向爸爸妈妈勤问候，是尊重和体贴他们的实际表现。爸爸妈妈工作劳累之余，如果能得到你一个充满爱心、关怀的问候，那么，他们的疲惫、烦恼，甚至病痛，都会在你像春风一般的亲情关怀中顿时消失。

早上起来时，一声问候不能省略："爸爸，早安！""妈妈，早上好！"晚上睡觉前，也别忘了向父母说："妈妈，睡个好觉！""爸爸，时间不早了，早些睡吧！"

当爸爸妈妈生病的时候，在端药送水的同时，应时时加以劝慰、问候："爸爸，好点了吗？好好休息，很快就会好的。""妈妈，你想吃点什么？您放心歇着，家务活我会干的。"

过新年时，在向同学、亲友祝颂的同时，可别忘了你自己的父母，每个人都应不忘向父母说上一声："爸爸、妈妈，新年好！"

每逢父母亲的生日或母亲节、父亲节时，应送上一件有意义的小礼物，献上深切的祝福："爸爸，祝您工作顺利、事业成功！""祝妈妈生日快乐，永远年轻、漂亮！"等等。

兄弟姐妹相处的礼仪

一个家庭能否愉快和幸福，兄弟姐妹的和睦相处，占据了举足轻重的地位。如果兄弟姐妹之间能互相体贴关心、互相帮助，产生矛盾时不争不吵、互谅互让，这样的家庭环境，必然十分幸福。但是，在生活中，兄弟

姐妹都是差不多同龄的人，朝夕相处，要做到处处符合礼仪，也并不是一件容易的事。如果你希望与兄弟姐妹之间能和睦相处，那么就要努力做到：

在家里，假如你是哥哥姐姐，那就应时时以身作则，努力成为父母的得力助手；多干家务活；遇事要宽宏大量，不与弟妹斤斤计较，更不要以为他们比自己小就随意指挥他们干活；当弟妹求教或请求帮忙时，应耐心帮助和解答，切忌不耐烦或不屑帮忙。

弟妹有错时，不要在父母或他人面前斥责他们，以免伤害他们的自尊心，更不能经常在父母面前"告状"，而引起他们的反感。万一与弟妹发生争吵，应当着弟妹的面，在父母面前做自我批评。

假如你是弟弟妹妹呢？重要的一点，就是尊重哥哥姐姐。不能存有"我比你小，你应该让我"的优越感，更不能娇蛮无理，干什么事都不把哥哥姐姐放在眼里，为所欲为，不为他人着想。与兄姐发生争执时，不要利用自己的得宠地位到父母亲面前去"告状"，以免加深兄弟姐妹间的隔阂。

总之，兄弟姐妹之间要相互谦让，彼此爱护；长爱幼，幼尊长，情同手足，共同创造温馨祥和的家。

亲友间的礼仪

走亲访友，是最常见的交际方式。每逢节假日，到亲戚、好友、长辈家做例行拜访；或是受长辈委托，到亲朋家中递送物品，捎传口信；或是有时到有关的人家家中去请教问题，这类交际是经常发生的。这些活动，虽然普通，但也处处需要讲究礼节：

最好能事先通知。确定要拜访亲友的日程之后，通过一个电话或一个口讯，与被拜访的人约定具体日期，这有利于对方提早安排，不然则可能造成突兀，令对方毫无准备而打乱原定的生活程序。

选择适当时间，一般不要在别人吃饭和休息的时间去拜访。如果是晚上访亲友，逗留的时间不宜太长，以免影响主人及其家人的休息。

做客时穿戴要整齐，仪容要整洁，以表示对亲友的尊重和礼貌。

进门前要按电铃或轻轻叩门，待有回音或有人开门后方可进入。即使主人家门是敞开的，也不能乱闯一通，应站在门外招呼，等有人应答后再

入内。

如果拜访的人是长辈，或自己第一次前往做客，要特别注意：主人未坐下时，自己不能先坐。如拜访的亲友很熟，则可以随便一些。进屋后，对亲友家的其他成员要主动打招呼。如遇到许多人在座，应经主人介绍后，对其一一问好。

入座时，动作要轻稳，不可猛地一下子坐下，发出响声。入座后，手可平放在沙发上或沙发的扶手上，上身稍向前倾，以示对主人的尊敬。

做客时，见到主人斟茶，应弯曲食指在桌面上稍稍叩响，以表示感谢。

交谈时，如有长辈在座，应该用心倾听长者的谈话，而不可随便插话。做客中，若主人家来了新的客人并有要紧的事商谈，这时应尽快告辞。

不可随便动主人家贵重的东西：如电视机、音响、录像机、照相机等。随便去翻别人的柜子、抽屉之类的行为，更在绝对禁止之列。

离开亲友家时，要郑重其事地告别，不辞而别当然是不礼貌的，随便说一声"走了"，便拍着屁股夺门而出，也会使主人觉得不舒服。

探病礼仪

亲友患病时，家长可能会让我们代表家人专门去慰问病人。这种时候，什么样的做法才是得体不是礼仪的呢？

通常，探访病人的最好做法是直接到病榻旁边，直接把安慰和祝福带给他。

有时候，大人还会委托你负责采购送给病人的慰问品。那么，选择什么样的物品较为合适呢？按习惯，人们常常挑选些水果、饮料和滋补品送给病人。但实际上，一束鲜花、一张精心的贺卡，同样能起到慰藉病人的好作用；一段真心关怀的语言，也同样会有使病人早日康复的神奇力量。

到医院探病，要遵守医院的规章制度。进病房要注意安静，脚步尽量放轻，不要大声谈笑。进入病房以后，如果看到病床周围有瓶子、管子和固定架等医疗用品和器具，切莫大惊小怪；看到痰盂便桶、血迹脓水类，不要躲躲闪闪，面露厌恶状；看到病人消瘦憔悴、水肿黄疸之类的病态，也不要愁眉苦脸。

与病人谈话，态度要谦和温柔、亲切热情。卧床病人由于有人到来，可能会坐起来进行接待，这时应尽量劝其躺下。如果病人仍执意要爬起来，则应上前搀扶。看望病人时，不要老是跟病人谈论他的病情，而应该说些愉快的话。不管病人的病情有多么严重，也不能在他面前流露哀伤的神情，更不能对着病人流泪。凡是会使病人悲观、忧郁的话题，都应尽量避免。

在探病结束时，记住要问一声："有什么事情需要我帮忙的吗?"有的病人可能会向你提出要求，那么，不管他要求的事情有多么难办，你也一定要努力去办。

如果病人患的是传染病或其他不宜直接探望的疾病，则可以改用短信的方式表达问候。

参加丧事的礼仪

在学生这个位置上，参加亲友丧礼之类的事情并不多见。但一旦参加了，便要加倍注意使自己的举止符合礼仪规范。

自古以来，中国人一直把对亡者处理当作极为庄严的事情。亲友逝世了，我们通常都要到殡仪馆向其遗体告别，参加其葬礼或吊唁活动。这种场合气氛肃穆，由于亲人去世，丧者家属情绪都比较哀伤。为了体现自己对死者的尊重和对丧家的同情，参加丧礼时，我们一定要注意：

（1）着深色服装（或白色上衣深色裙裤）。切忌穿得大花大绿；衣袖上要戴上黑纱，也可在胸前佩上白花。

（2）不可昂首阔步，而应微微低头，缓步慢行。讲话时发音要低调，不能有怪腔。

（3）不可与参加丧礼的人交头接耳，议论其他事情，甚至谈笑风生；更不可结群吵闹，嬉戏追逐。

（4）坚持参加到底，不中途退出。

（5）对死者的家属进行劝慰，用温情关切的语言劝其节哀振作精神。冷漠处之或哑口无言都是不适宜的。

祭扫的礼仪

祭奠是对已逝先人的一种纪念形式。一般可分2类：家庭祭奠和扫墓祭奠。

家庭祭奠，一般在父母、祖父母的生辰或忌日时举行。通常是面对遗像，点燃馨香3炷和供奉水酒3杯，或者是以素色鲜花一束作为清供，以示纪念。

扫墓祭奠，一般在清明节、中秋节或春节举行。祭扫先人墓地，一般有以下几项内容：

（1）馨香3炷，鞠躬悼念，寄托哀思。墓前祭奠，过去凡晚辈都要行跪拜大礼，现在多以三鞠躬代替。

（2）整修陵墓。一般是给坟墓培土，并整修墓道。由于平时雨水冲刷或其他原因，墓道或坟头自然受损，利用祭扫之际，可以进行整修和培高。墓表可铲些草皮贴上，使草蔓延覆盖后可减少水土流失。有的还可植树以作纪念。

（3）献上花圈或一束鲜花，并打扫、清理坟墓周围环境。亲友骨灰寄放在殡仪馆的，可献上微型花圈或绢花束，把骨灰盒的积尘掸净，瞻仰遗像，鞠躬行礼，并低头默哀。

举办生日晚会礼仪

生日晚会，应邀请家里人一块参加，特别是父母。有些同学自认为与父母之间有一条"代沟"，开生日晚会他们在场，大家会觉得拘束而玩得不尽兴、不痛快。其实，这是对父母不尊重的一种表现。可以说，你的生日，也正是母亲的受难日、母亲的纪念日。所以，邀请父母亲一块参加你的生日晚会，对他们的养育之恩表示感谢，同时请父母亲谈谈对自己以后的希冀和要求，相信这样做，将使你的生日晚会增色不少，意义更为充实；也相信父母亲都会欣喜地接受你的邀请，与你度过一个美好的晚会。

一个美好的，能给人留下一个永恒记忆的生日晚会并不在于宴席的豪华、蛋糕的精美，而在于主人公的策划和安排是否有新意。生日晚会不仅仅是聚餐会，还应是一个与同学们交流思想、密切友谊，进行智力游戏、表演朗诵、歌舞以及显示自己演说、组织能力的交际机会。

时间要节制，以免影响别人。有的同学开生日晚会喜欢玩个尽兴，非要玩到深夜甚至通宵达旦不可，又弹琴来又唱歌，既影响了家人又打扰了左邻右舍，自己也会因此影响第二天的课程。所以，在家开生日晚会，一

定要注意时间的节制，适可而止。

待客礼仪

当父母亲的客人来访时，假如家长在家，这时候，我们应该和家长一起把客人迎进屋，并热情和客人打招呼："您好!"进入室内后，一般请客人坐在最佳的座位上，然后，主动协助家长沏茶端杯。如果是冬天，若客人进屋后脱下帽子与大衣，要主动上前接下，帮助挂好。假如客人显示出有要事与家长交谈，那我们应该主动回避，可以以做作业之类的理由打一声招呼，然后离开。

若客人来访时，恰好爸爸妈妈不在家，我们应该尽到小主人的责任，把熟悉的客人迎进门，打招呼，倒茶招待。假如家长快要回来时，你可请客人稍等;假如家长一时回不来而客人有急事要走时，可以问客人有什么事需要转告。对陌生来客，可以或让他们在门外留个字条。

客人来访时，如正赶上家里吃饭，应邀请客人一起进餐。如果客人不肯入座，那么，征得客人同意后，可以继续吃饭。但此时要安排客人坐下，找报刊给客人翻阅，或让客人先看看电视、听听音乐，免得使客人产生受冷落之感。之后便应适当加快吃饭速度，以免让客人久等。

当然，有时客人来时还会碰上其他一些特殊情况，无论怎样，作为小主人的我们，都应配合好家长，对客人热情迎接，讲究礼貌，设法为其解除尴尬困窘，使其感受到主人家的热情与周到。

当客人表示要走时，可以婉言相留，希望其多坐一会儿，但要尊重他们的意愿，不能强行挽留，以免贻误他们的生活安排。

客人提出告辞后，应等其起身，自己再起身相送，不可当客人一提出要走的时候，就迫不及待地站起来摆出送行的姿态。送客时，应该和家长一起把客人送到门口并说"再见"。对待长辈和年老体弱的老人，还应视情况需要，帮助其下楼上车，再与之道别。不可刚和客人道别，马上就转身进门。更不可客人后脚刚跨出门槛，就"砰"的一声把门关上。这些都是非常失礼的。

客人来访，常常会带些礼品来。对此，送客时应再次表示谢意。而当家长回送一些礼物给客人时，我们应该大方地劝客人收下礼物。

客人告辞时，倘若自己正忙于学习而无法送行时，应向客人有所说明，表示歉意。要是客人表示告辞时，自己一声不吭或无所表示，不管再有多少理由，都是失礼的。

用餐与就寝礼仪

可能有的同学会说，一日三餐，天天如此，谁还不懂不会。其实不然，要真正做到吃得文明，这不是一件容易的事。据观察，不少同学在家庭用餐中，不够讲究吃饭用餐的礼仪，"吃相"很不雅观，很有必要学习、懂得用餐的礼仪。

俗话说，站要有站相，坐要有坐相。同样，吃也要有吃相。在某种意义上讲，用餐的吃相，更能反映出一个人教养的程度。

餐前礼仪

作为一个懂事的孩子，在家庭用餐之前，不应是坐在餐桌前，等着父母把饭端上来，吃现成的，而是要在用餐之前，主动地帮助家长做好饭前的一些准备工作。

吃饭前要洗手。如果刚刚外出归来或刚运动完毕，应该先洗洗手和脸再上餐桌，否则，满头大汗，满脸尘土就用餐，不但自己不舒服，还会影响别人的食欲。

吃饭前，自己不应坐在一边让家长给盛饭端菜，而要主动地帮助家长盛饭端菜。盛饭时，不要盛得过满；端饭或端菜时，用大拇指扣住碗或盘口的边沿，食指、中指、无名指托住碗或盘的底儿，手心空着，并注意大拇指要向上翘起，不要让大拇指沾到饭菜上，不然很不卫生。端着饭菜，要走得慢一些，稳一点，不要让饭菜洒出来。

端饭，要先端给爷爷、奶奶，再端给爸爸、妈妈，最后端给自己。如果有客人共同进餐，要先端给客人，再按照家人辈份的大小依次端上。端菜，要先把好吃的菜，合长辈口味的菜，摆放在靠近长辈的桌前。即使是自己最喜欢吃的菜，也不能因为自己爱吃，就摆放在自己桌前。有时，长

辈出于疼爱，将你爱吃的菜让给你，摆放在你的面前，也应礼让。

入　座

家庭用餐的入座，虽然不像参加宴会或到他人家作客那样讲究，但也应注意一定的礼节。

先请长辈入座。一般上座应该让爷爷、奶奶、或爸爸、妈妈来坐，自己坐下首（对着爷爷奶奶或爸爸、妈妈的位置）。如果爷爷、奶奶年老体弱，行动不便，应搀扶着他们入座。总之，无论是家庭成员多少，都应让长辈坐在上座，自己坐在下座。

入座后，坐姿要端正，两小臂靠近桌边上，胳膊肘不要横托在桌上，双手在桌上，右手持筷子，左手扶着饭碗；不要右臂在桌上，左臂在桌下；两腿靠拢，双脚平放，不要一条腿搭在另一条腿上，两腿交叠，更不要坐在那里蹯脚晃身。

使用筷子

筷子是中国人最主要、最常用的餐具，吃饭用筷子，是我们的传统。但是，有不少同学并不太会使用筷子，或姿式不对，或违反忌讳。那么，怎样使用筷子，它有什么讲究呢？

持筷子的方式。右手持筷子，持筷子的中下端处为宜，要用大拇指、食指轻轻捏住筷子，中指稍稍托住上面一根筷子，无名指托住下面的一根筷子。夹菜时，先将筷子的小头冲下，然后以大拇指和食指捏动筷子，无名指托住下一根筷子夹菜。

中国人使用筷子吃饭，是很讲究的。在长期的生活实践中，人们对使用筷子形成了一些礼仪上的要求和忌讳。

在饭桌上摆放筷子，要把筷子一双双理顺，大头冲桌外，小头冲桌里，然后轻轻地放在每个人的餐桌前。不要一横一竖立叉摆放，不要一根是大头，一根是小头。筷子要摆放在碗的右边，不能搁在碗上。

夹菜时，不能用筷子在菜盘里挥来挥去，在菜肴上下乱翻，或用筷子搅菜；要用筷子穿刺菜肴，当餐叉使用，不要将筷子含在口中。更不能用

筷子剔牙，当牙签使用。筷子上沾有饭粒或菜叶，应吃干净，不能用带有饭粒或菜叶的筷子夹菜；夹起菜时，不要让菜汤滴下来；遇到别人也来夹菜，要注意避让，谨防"筷子打架"。在吃饭中途需暂时离开时，要将筷子轻轻搁放在桌子上的碟、碗边，不能插在饭碗里，或放在碗上。

家庭用餐，一般不要过多地谈话，有的家庭规定吃饭时不说话，是一个好的习惯。但是，确需要说话，这时，不要把筷子当作道具，在餐桌上乱舞，也不要用筷子指向他人；在请别人用菜时，不要把筷子戳到别人面前。

不小心将筷子掉在地下，应立即换一双或洗一洗，不能用手或抹布一擦就继续使用。这样既不卫生，也不雅观。

使用调羹

调羹也是常用的餐具，它同使用筷子一样，也有一定的讲究。

手持调羹的方式。右手持调羹的柄端，食指在上，按住调羹的柄，拇指和中指在卜支撑。有的同学持调羹的方式是拇指在上，按住调羹的柄，食指和中指在下支撑，这是不正确的。

使用调羹，主要是喝汤，有时也可以用调羹盛装滑溜的食物。尤其是在喝汤时，要注意以下几点：

（1）使用时，不要将调羹碰碗、盘发出声响。从外向里舀（吃西餐则应从内往外舀），调羹就口的程度，要以不离碗、盘正面为限，切不可使汤滴在碗、盘的外面。

（2）不要以口对着热汤吹气。有时端上桌的汤很烫，这时，应先少舀些汤尝一尝。如果太烫，可将汤倒入碗里用调羹慢慢地舀一舀，等汤稍许降温时，再一口一口地喝。

（3）不要将汤碗直接就口。当汤碗里的汤将喝尽时，应用左手端碗，将汤碗稍为侧转，再以右手持调羹舀汤。不要将汤碗端起来，一饮而尽，这样做不符合餐桌礼仪的要求。

用餐礼仪

开始用餐，要讲究文明礼貌，要注意自己的"吃相"。养成良好的用餐

习惯。一般应注意以下几点：

让长辈先动碗筷用餐，或听到长辈说："大家一块吃吧"，你再动筷，不能抢在长辈的前面。

吃饭时，要端起碗，大拇指扣住碗口，食指、中指、无名指扣碗底，手心空着。不端碗伏在桌子上对着碗吃饭，不但吃相不雅，而且压迫胃部，影响消化。

夹菜时，应从盘子靠近或面对自己的盘边夹起，不要从盘子中间或靠别人的一边夹起，更不能用筷子在菜盘子里翻来倒去地"寻寻觅觅"，眼睛也不要老盯着菜盘子，一次夹菜也不宜太多。遇到自己爱吃的菜，不可如风卷残云一般地猛吃一气，更不能干脆把盘子端到自己跟前，大吃特吃，要顾及同桌的父母和姐弟。如果盘中的菜已不多，你又想把它"打扫"干净，应征询一下同桌人的意见，别人都表示不吃了，你才可以把它吃光。

要闭嘴咀嚼，细嚼慢咽，这不仅有利于消化，也是餐桌上的礼仪要求。决不能张开大嘴，大块往嘴里塞，狼吞虎咽的；更不能在夹起饭菜时，伸长脖子，张开大嘴，伸着舌头用嘴去接菜。一次不要放入太多的食物进口，不然会给人留下一副馋相和贪婪的印象。

用餐的动作要文雅一些。夹菜时，不要碰到邻座，不要把盘里的菜拨到桌子上，不要把汤泼翻，不要将菜汤滴到桌子上。嘴角沾有饭粒，要用餐纸或餐巾轻轻抹去，不要用舌头去舔。咀嚼饭菜，嘴里不要发出"叭叭"、"呱叽呱叽"的声音。口含食物，最好不要与别人交谈，开玩笑要有节制，以免口中食物喷出来，或者呛入气管，造成危险；确需要与家人谈话时，应轻声细语。

吐出的骨头、鱼刺、菜渣，要用筷子或手取接出来，放在自己面前的桌子上，不能直接吐到桌面上或地面上。如果要咳嗽、打喷嚏，要用手或手帕捂住嘴，并把头向后方转。吃饭嚼到沙粒或嗓子里有痰时，要离开餐桌去吐掉。

在吃饭过程中，要尽量自己添饭，并能主动给长辈添饭、夹菜。遇到长辈给自己添饭、夹菜时，要道谢。

吃饭时要精神集中，有些小同学在吃饭时看电视或看书报，这是不良

的习惯，既不卫生，又影响食物的消化吸收，还会损伤视力。

与兄弟姐妹在一起用餐时，要相互礼让。不要在吃饭时打打闹闹或边吃边玩。

作为一个有礼貌、懂事的孩子，吃完饭，不应推开饭碗，就离桌而去，还应有礼貌离座，并帮助家长做些力所能及的工作。

用餐完后，要轻轻放下碗筷，用餐纸或餐巾擦嘴。

就寝礼仪

就寝，就是上床睡觉。睡觉、起床，这么简单的事，也有什么规矩、礼节吗？有的。按时就寝、按时起床，遵守就寝、起床的礼仪规则，是一种有规律的、有教养的生活习惯。同学们应该从小就学会有规律的生活，养成良好的生活习惯。

就寝前

准备就寝前，应先收拾好摆放的学习用具、书籍或玩具；不要不管不顾，随便一堆，就上床睡觉，这是很不好的生活习惯。还要想一想明天上什么课，应带哪些学习用具，提前装入书包。这样做既可以放心安稳地就寝，又为第二天学习或参加活动提供方便。

睡前要洗脚，并要自己准备洗脚水，洗后自己再去倒掉。有的同学，不但上床前洗脚而且要刷牙、洗脸，这是应提倡的良好生活习惯。而有的同学，上床不洗脚，或者要家长督促、强迫才洗脚，这是很不应该的。

准备上床睡觉了，就不要再吃东西，不然有害于牙齿和肠胃消化系统。睡前，最好先到厕所方便一下，不然半夜里起来上厕所，既不方便，也打扰家人睡觉。

睡觉前要先告知父母，道一声"晚安"。如说："妈妈，我睡觉了。晚安！"如果你要睡觉了，可父母还在工作或做些家务，这时，你应说些关心、体贴父母的话，如，"爸爸，您也早点休息吧"。

起 床

起床与起床后，也有一些具体要求和礼仪规则，同学们应自觉遵守，

养成良好的生活习惯和讲究必要的礼节。

养成按时起床的习惯（一般在早上 6 点 30 分起床为宜）。闹钟一响，或听到父母呼唤，应当迅速起床。同学们大都睡眠香甜，到该起床的时候往往还在甜美的梦境中，尤其在寒冷的冬季，温暖的被窝使人留恋，这时必须有一点毅力，坚持按时起床，养成一种良好的生活规律。起床过早或过晚，忽早忽晚，都不是好的生活习惯。

起床时动作要迅速，有条理。早上的时间总比晚上的时间显得紧张些，因此，起床的时候动作要迅速。

起床后，要自觉主动地叠好被褥，做到自己能做的事情要自己做。有的同学没有起床后自己叠被子的习惯，或有父母代替，或干脆堆在床上不叠，使床上乱糟糟的，很不雅观，这都是不良的生活习惯。

起床后，见到父母要问候。如说："妈妈早!"

家庭礼仪禁忌

处理好老一代和小一辈的关系，主要责任在小一辈如何对待老一代。所以，在老小相处中，主要是下列 4 忌：

一忌不尊重老人。由于老人本身和外界情况均有所改变，上了年纪的人，自尊的需求明显地突出起来。许多老人随着自己生理上衰老而产生心理上的自卑感，担心小一辈会觉得他们年老不中用了，会看不起他们了。所以，会强烈地"计较"自己在家中、在小一辈心中的地位。对于老一代这种自尊需求，小一辈不能漠视和反感，而应当尽可能满足。首先要在人格上尊重老人，不能有亲疏厚薄之分，更不能歧视老人。家里重要事项的决定，应该征求老人的意见；涉及老人的事情，就更要注意与他们商量，采纳他们提出的合理意见。发现老人有不对之处，不能当众训斥。发生意见分歧，不要粗暴地顶撞老人。对老人在家负担的家务劳动，应该经常表达感激之情，使老人处处感到受尊重。否则，不受尊重，常受责备、训斥，老人的心情是不会舒畅的，老小之间的关系也是不会融洽的。

二忌不关怀人。老年人随着年龄的增大和健康状况的退步，劳动能力和自理能力都会下降，因而十分希望得到晚辈的关心和照顾。对于老一代

的这种需要，理应予以满足。比如，要经常了解老人的健康情况，问寒问暖，照顾饮食起居，陪伴治病检查身体等。而且，还应尽可能地安排好他们的精神生活。切忌对老人的生活不闻不问，让老人产生寂寞感和孤独感。

三忌不体谅老人。有些家庭，因为老人说话、啰嗦唠叨，遇事倔强固执，喜欢追忆往事，因而与小一辈谈不拢、合不来，而造成关系紧张，双方都感到苦恼。要处理好这关系，小一辈一定要从老人的心理特征来客观地分析他们的言行，这样就会体谅老人。用耐心、劝导、体谅态度感动老人。实际上，只要年轻一代能体谅老人的心境，问题就容易解决了；否则，越闹越僵，关系会越来越紧张的。

四忌不能宽厚待人。对老一代讲，要想和小一辈处好关系，也要做到温和、慈祥、宽厚。要想得到小一辈的尊重，也要平等待人，切不可时时处处摆老资格，信奉"父为子纲"，经常以长辈之势来压制小一辈。自己的性格要开朗一些，不要斤斤计较一句话、一件事，不要因为小一辈做错了一件事，说错了一句话，就唠唠叨叨没个完，就耿耿于怀常提起，而要宽厚地对待小一辈。只有老一代经常尊重、关怀、体谅小一辈，老一辈才能得到小一辈的尊重、关怀和体谅，老小之间才能相处和睦。

亲戚交往三忌

每个家庭或多或少都会有一些亲戚。亲戚关系是一种很微妙的关系，说他亲，一般亲不过家人；说他疏，一般疏不过相识。亲戚关系是这样一种关系，逢年过节要走走亲戚，拜望拜望，平时亲戚之间有困难要相互帮帮忙。亲戚网就是一个家庭以血缘关系和姻缘关系为中介延伸开去的一个大家族关系。

实际生活中，我们可以发现，有些人家亲戚来来往往，好不热闹；有的人家则很少有亲戚来住。看来，如何与亲戚打交道，各家有各家的习惯和章法，但从一般意义上说，亲戚无论远近亲疏，总是应该恰当处理。这就意味着要十分注意以下几个问题：

（1）不以贵贱认亲戚。在亲戚交往中，攀富结贵、贬贫疏贱的现象比较常见。有的人家对富有的、权大的和社会地位高的亲戚常献殷勤，而对

家境清贫的、无权的和社会地位低下的亲戚则十分冷漠，极少主动来往，这是传统的、落后的等级观念在人们头脑中的折射。交人要交心，亲戚之间又何尝不该是如此呢？人应该是美好心灵的使者，而不应该是金钱权力的仆人。再富再贵的亲戚面前也应自尊自重，决不要低三下四；再穷再贱的亲戚面前也应热情正直，决不要不屑一顾。

（2）不要由于亲戚之间的私利而放弃国家利益和组织原则。现在不少人办事到处拉关系走后门，其中亲戚关系是走后门的一种重要的途径。当亲戚之间的交往发展到这种地步时，应当正常发展的亲戚关系已经受到社会歪风的"污染"，必须尽快"刹车，使亲戚交往纳入正道上来，否则亲戚各方都会受害。

（3）有些亲戚之间奉行的是"老死不相往来"的"方针"，这是不很妥当的。当然，有的亲戚无事也登三宝殿，大家在一起并无多少正事，而是聊大天、"侃大山"。这对于一些珍惜时间的人来说确实是不小的损失。他们由此不想串亲戚，是可以理解的。但凡事不可推向极端，如果忙得三年五载也没空与亲戚见上一面，这又太过分了。逢年过节走走亲戚，大家谈谈生活、学习和工作，也是一件乐事。何况每个家庭都可能发生某些困难，这时亲戚常常成为帮助渡过难关的重要力量。

邻里交往五忌

每一家都有自己的邻居，每一家又都是别人家的邻居。邻居交往有两大特点：一是天天见，二是生活琐事多。这就决定了邻里之间要常常注意避免发生无原则的矛盾。

一忌以邻为壑。有些人心眼小、私心重，在邻里生活中总怕邻居沾了自己的光，反过来自己却总想瞅机会沾别人家的光，甚至明里暗里做那些损害邻居利益的事。这在邻里交往中是最要不得的，其结果只能在邻居中孤立自己。

二忌"各扫门前雪"。在邻里交往中，持这种态度的人不在少数，以为邻居间避免矛盾的办法就是少相互掺和，自家管自家最好，少数人家甚至发展到"老死不相往来"。其实，邻里之间自顾自的做法决不是上策，俗话

说，远亲还不如近邻呢！谁能保证自己在日常生活中不发生需要别人帮助的事情？到那时候，好邻居的作用可大呢？

三忌在邻居间说长道短、拨弄是非。邻居交往，所谈多是家常琐事，稍不注意，就会扯到邻居的长短是非上来，这是邻里团结的一个很大威胁。当然，如果是为了解决邻里不和，大家谈一谈，共同想办法搞好团结，这是正常的。如果只是要挖苦、嘲讽、攻击别的邻居，有意挑拨邻里关系，这决不是应取的态度。

四忌无端猜疑。有时候，邻里纠纷倒不是有人挑拨产生的，而是纠纷的一方无端猜疑导致的。一家人也免不了有思想上的分歧，何况邻里间要做到完全消除戒备，没有任何疑心，这恐怕也不是现实的。关键在于，是合理猜想还是无端起疑。前者多是理智考虑，后者则多是感情用事，所以无端猜疑最容易产生误会，给邻里关系造成不利影响。

朋友交往四忌

翻翻名人传，发现大凡名人，几乎没有不重视友情的。蒲松龄说："天下快意之事莫若友。"达尔文说："谈到名声、荣誉、快乐、财富这些东西，如果同友情相比，他们都是尘土。"友情是一种崇高的感情。交朋友，至少不应发生下述情况：

一忌建立、发展和维持一种格调低下的"朋友关系"。例如，有些人"臭气相投"，经常在一起吃吃喝喝，不讲原则讲义气，为朋友面子大打出手。

二忌以利认朋友。有些人把朋友金钱化了，凡有利可图，不认识也要交朋友；凡无利可图，旧日的朋友也可以分道扬镳。

三忌对朋友缺乏诚意，总是持不信任态度。总觉得朋友不牢靠，生怕自己有朝一日上当受骗吃大亏。这种态度下，无法在交往中形成知心朋友。

四忌嫉妒朋友的进步。十个指头不一般齐，朋友之间总会产生差距，有的同学见不得自己的同学比自己优秀，但真正的朋友应该是为朋友的进步感到高兴，并以此为一种动力，努力求得自己进步。嫉妒心太盛，以至影响了朋友关系。

附录 1：《中小学生守则》

中小学生守则

1. 热爱祖国，热爱人民，热爱中国共产党。

2. 遵守法律法规，增强法律意识。遵守校规校纪，遵守社会公德。

3. 热爱科学，努力学习，勤思好问，乐于探究，积极参加社会实践和有益的活动。

4. 珍爱生命，注意安全，锻炼身体，讲究卫生。

5. 自尊自爱，自信自强，生活习惯文明健康。

6. 积极参加劳动，勤俭朴素，自己能做的事自己做。

7. 孝敬父母，尊敬师长，礼貌待人。

8. 热爱集体，团结同学，互相帮助，关心他人。

9. 诚实守信，言行一致，知错就改，有责任心。

10. 热爱大自然，爱护生活环境。

新版《中学生守则》

1. 热爱祖国，热爱人民，热爱劳动，热爱科学，热爱社会主义，热爱中国共产党。

2. 遵守国家的法律，增强法律意识，遵守社会公德，遵守学校纪律。

3. 刻苦学习，勤于思考，勇于实践。

4. 珍爱生命，注意安全，锻炼身体，积极参加有益的文体和科技活动。

5. 热爱生活，自尊自爱，自信自强，生活习惯文明健康。

6. 积极参加劳动，生活俭朴，消费合理，自己能做的事自己做。

7. 孝敬父母，尊敬师长，礼貌待人，国际交往，注重礼节。

8. 热爱集体，维护集体的荣誉，团结同学，乐于助人。

9. 明辨是非，诚实守信，言行一致，知错就改，有责任心。

10. 热爱大自然，珍惜资源，节约能源，保护环境。

附录 2：《中小学生日常行为规范》

小学生日常行为规范（修订）

1. 尊敬国旗、国徽，会唱国歌，升降国旗、奏唱国歌时肃立、脱帽、行注目礼，少先队员行队礼。

2. 尊敬父母，关心父母身体健康，主动为家庭做力所能及的事。听从父母和长辈的教导，外出或回到家要主动打招呼。

3. 尊敬老师，见面行礼，主动问好，接受老师的教导，与老师交流。

4. 尊老爱幼，平等待人。同学之间友好相处，互相关心，互相帮助。不欺负弱小，不讥笑、戏弄他人。尊重残疾人。尊重他人的民族习惯。

5. 待人有礼貌，说话文明，讲普通话，会用礼貌用语。不骂人，不打架。到他人房间先敲门，经允许再进入，不随意翻动别人的物品，不打扰别人的工作、学习和休息。

6. 诚实守信，不说谎话，知错就改，不随意拿别人的东西，借东西及时归还，答应别人的事努力做到，做不到时表示歉意。考试不作弊。

7. 虚心学习别人的长处和优点，不嫉妒别人。遇到挫折和失败不灰心、不气馁，遇到困难努力克服。

8. 爱惜粮食和学习、生活用品。节约水电，不比吃穿，不乱花钱。

9. 衣着整洁，经常洗澡，勤剪指甲，勤洗头，早晚刷牙，饭前便后要洗手。自己能做的事自己做，衣物用品摆放整齐，学会收拾房间、洗衣服、洗餐具等家务劳动。

10. 按时上学，不迟到，不早退，不逃学，有病有事要请假，放学后按

时回家。参加活动守时，不能参加事先请假。

11. 课前准备好学习用品，上课专心听讲，积极思考，大胆提问，回答问题声音清楚，不随意打断他人发言。课间活动有秩序。

12. 课前预习，课后认真复习，按时完成作业，书写工整，卷面整洁。

13. 坚持锻炼身体，认真做广播体操和眼保健操，坐、立、行、读书、写字姿势正确。积极参加有益的文体活动。

14. 认真做值日，保持教室、校园整洁。保护环境，爱护花草树木、庄稼和有益动物，不随地吐痰，不乱扔果皮纸屑等废弃物。

15. 爱护公物，不在课桌椅、建筑物和文物古迹上涂抹刻画。损坏公物要赔偿。拾到东西归还失主或交公。

16. 积极参加集体 活动，认真完成集体交给的任务，少先队员服从队的决议，不做有损集体荣誉的事，集体成员之间相互尊重，学会合作。积极参加学校组织的各种劳动和社会实践活动，多观察，勤动手。

17. 遵守交通法规，过马路走人行横道，不乱穿马路，不在公路、铁路、码头玩耍和追逐打闹。

18. 遵守公共秩序，在公共场所不拥挤，不喧哗，礼让他人。乘公共车、船等主动购票，主动给老幼病残孕让座。不做法律禁止的事。

19. 珍爱生命，注意安全，防火、防溺水、防触电、防盗、防中毒，不做有危险的游戏。

20. 阅读、观看健康有益的图书、报刊、音像和网上信息，收听、收看内容健康的广播电视节目。不吸烟、不喝酒、不赌博，远离毒品，不参加封建迷信活动，不进入网吧等未成年人不宜入内的场所。敢于斗争，遇到坏人坏事主动报告。

中学生日常行为规范（修订）

一、自尊自爱，注重仪表

1. 维护国家荣誉，尊敬国旗、国徽，会唱国歌，升降国旗、奏唱国歌时要肃立、脱帽、行注目礼，少先队员行队礼。

2. 穿戴整洁、朴素大方，不烫发，不染发，不化妆，不佩戴首饰，男生不留长发，女生不穿高跟鞋。

3. 讲究卫生，养成良好的卫生习惯。不随地吐痰，不乱扔废弃物。

4. 举止文明，不说脏话，不骂人，不打架，不赌博。不涉足未成年人不宜的活动和场所。

5. 情趣健康，不看色情、凶杀、暴力、封建迷信的书刊、音像制品，不听不唱不健康歌曲，不参加迷信活动。

6. 爱惜名誉，拾金不昧，抵制不良诱惑，不做有损人格的事。

7. 注意安全，防火灾、防溺水、防触电、防盗、防中毒等。

二、诚实守信，礼貌待人

8. 平等待人，与人为善。尊重他人的人格、宗教信仰、民族风俗习惯。谦恭礼让，尊老爱幼，帮助残疾人。

9. 尊重教职工，见面行礼或主动问好，回答师长问话要起立，给老师提意见态度要诚恳。

10. 同学之间互相尊重、团结互助、理解宽容、真诚相待、正常交往，不以大欺小，不欺侮同学，不戏弄他人，发生矛盾多做自我批评。

11. 使用礼貌用语，讲话注意场合，态度友善，要讲普通话。接受或递送物品时要起立并用双手。

12. 未经允许不进入他人房间、不动用他人物品、不看他人信件和日记。

13. 不随意打断他人的讲话，不打扰他人学习工作和休息，妨碍他人要道歉。

14. 诚实守信，言行一致，答应他人的事要做到，做不到时表示歉意，借他人钱物要及时归还。不说谎，不骗人，不弄虚作假，知错就改。

15. 上、下课时起立向老师致敬，下课时，请老师先行。

三、遵规守纪，勤奋学习

16. 按时到校，不迟到，不早退，不旷课。

17. 上课专心听讲，勤于思考，积极参加讨论，勇于发表见解。

18. 认真预习、复习，主动学习，按时完成作业，考试不作弊。

19. 积极参加生产劳动和社会实践，积极参加学校组织的其他活动，遵守活动的要求和规定。

20. 认真值日，保持教室、校园整洁优美。不在教室和校园内追逐打闹喧哗，维护学校良好秩序。

21. 爱护校舍和公物，不在黑板、墙壁、课桌、布告栏等处乱涂改刻画。借用公物要按时归还，损坏东西要赔偿。

22. 遵守宿舍和食堂的制度，爱惜粮食，节约水电，服从管理。

23. 正确对待困难和挫折，不自卑，不嫉妒，不偏激，保持心理健康。

四、勤劳俭朴，孝敬父母

24. 生活节俭，不互相攀比，不乱花钱。

25. 学会料理个人生活，自己的衣物用品收放整齐。

26. 生活有规律，按时作息，珍惜时间，合理安排课余生活，坚持锻炼身体。

27. 经常与父母交流生活、学习、思想等情况，尊重父母意见和教导。

28. 外出和到家时，向父母打招呼，未经家长同意，不得在外住宿或留宿他人。

29. 体贴帮助父母长辈，主动承担力所能及的家务劳动，关心照顾兄弟姐妹。

30. 对家长有意见要有礼貌地提出，讲道理，不任性，不耍脾气，不顶撞。

31. 待客热情，起立迎送。不影响邻里正常生活，邻里有困难时主动关心帮助。

五、严于律己，遵守公德

32. 遵守国家法律，不做法律禁止的事。

33. 遵守交通法规，不闯红灯，不违章骑车，过马路走人行横道，不跨

越隔离栏。

34. 遵守公共秩序,乘公共交通工具主动购票,给老、幼、病、残、孕及师长让座,不争抢座位。

35. 爱护公用设施、文物古迹,爱护庄稼、花草、树木,爱护有益动物和生态环境。

36. 遵守网络道德和安全规定,不浏览、不制作、不传播不良信息,慎交网友,不进入营业性网吧。

37. 珍爱生命,不吸烟,不喝酒,不滥用药物,拒绝毒品。不参加各种名目的非法组织,不参加非法活动。

38. 公共场所不喧哗,瞻仰烈士陵园等相关场所保持肃穆。

39. 观看演出和比赛,不起哄滋扰,做文明观众。

40. 见义勇为,敢于斗争,对违反社会公德的行为要进行劝阻,发现违法犯罪行为及时报告。